おかしんだいねぇ!

甘楽弁の世界Ⅱ

知りゃあ知るほど不思議な上州弁

ながれ てんせい

NAGARE Tensei

文芸社

第二弾の刊行にあたって

皆さんにご好評いただいた、前著『おかしんだいねぇ！　甘楽弁《かんらべん》の世界』を出版して以来、甘楽弁に対する妻の追及には、もの凄く手厳しいものがあります。

先日、チキンが食べたくて、スーパーマーケットへ買い物に行った時の話です。「骨付きと骨なし、どっちにするん？」と聞かれて、私は「ねぇほう」と答えると、すかさず「ねぇほう？」「何それ？」と失笑されてしまいました。

また、気心が知れた妻に対して、「そりゃぁ、笑い過ぎじゃぁねんかい、おめぇ！」と、うっかり後付け「おめぇ！」を付けてしまい、苦笑されることもしばしばです。

さらに、「そんなんねぇやい」（そんなのないよ）と独り言をいえば、知らないふりして「それはどんなこと？」と追及してくるのです。

あげくの果ては、どこそこの誰々さんが、「ぼっとかして」や「こ」という方言を使用していたとか、「はぁたまげた」「めたすんな」「そんなこたぁすらっといい」と話す郷土表現を聞いて、「本当に使うんだぁ！」というびっくり仰天報告が、後を絶ちません。

私は、昭和三十年（一九五五年）に上州《じょうしゅう》（群馬県）の甘楽で生まれ育ちました。生粋の『甘楽人《かんらびと》』です。

昭和三十年代は、まだ先人が使用してきたお国言葉（地方独自の言葉）が色濃く残っていましたが、テレビ放送や標準語教育の普及により、徐々に各地域のお国言葉が失われていく年代でもあったのです。

数年前の話になりますが、富岡市内の知人と『甘楽弁』について話したことがあります。するとと彼は、

「俺んとこは甘楽郡じゃぁねぇし、富岡市だし、甘楽弁は知んねぇ！」というのです。

「なにゆってるん？　……まっさか弁当だと思ってるんじゃあんめぇ。知らねんきゃぁ、おめぇが住んでるとこだって、元甘楽郡だんべぇ。今おめぇが話した言葉が甘楽弁だでぇ！」と、優しく丁寧に教えてあげました。

上州弁（群馬弁）や甘楽弁（甘楽郡や富岡市の言語）は、東京や神奈川、埼玉、山梨などの都県とともに、西関東方言の範疇《はんちゅう》に入るようですが、当然ながら地域で独自に変化し、地域ごとに若干の違いもみられます。

本書では、前著で取り上げた表現や方言などを別の視点から再投入する場面もありますが、第二弾として、前回取り上げられなかった事柄を中心に拾い出し、補足・補完していきたいと考えています。前著を『入門編』と考えれば、本書は『補完編』ということになります。

なお、今回は、最初から本文の中にも甘楽弁を数多くちりばめていくつもりです。

しかし、読む際にはイントネーションの問題もあり、甘楽弁の抑揚を知るには現地で確認するのが一番ですが、実際の語感に近づけるため、できる限り甘楽弁の強勢音には黒ゴマ傍点《ぼうてん》（﹅）を打ち、注意して読んでほしい部分には黒丸傍点（・）を付けてみましたので、参考にしてください。

皆様方が本書を通じて、甘楽弁とご自分が住む地域の表現を比較し、言葉が持つ魅力や魔力・おかしさなどを探っていただければ、私にとってこの上ない幸せです。

ながれ　てんせい

本文イラスト　山口けい子

目次

一　甘楽はこんな所

群馬県の甘楽地域は、利根川《とねがわ》水系の一級河川である鏑川《かぶらがわ》流域に広がっています。谷津《やつ》（谷間地）も多く、優に百を超える集落があります。県庁のある前橋市や県内最大都市の高崎市から見て、南西方向に位置しています。

現在は、富岡市《とみおかし》・下仁田町《しもにたまち》・南牧村《なんもくむら》・甘楽町《かんらまち》の一市二町一村で広域圏を形成しています。周辺地域からは、「甘楽富岡」や「甘楽野」「鏑の里」と呼ばれることもあります。

全国的に少子高齢化が進む中で、どの自治体も独自性を発揮し、よく頑張っています。

旧甘楽郡は、古代上野国《こうずけのくに》の中でも国府が置かれた群馬郡とともに、一、二を競うほどの大きな郡だったようです。

平安時代前期に成立した『和名類聚抄《わみょうるいじゅしょう》』によれば、「貫前《ぬきさき》、酒甘《さかい》、丹生《にゅう》、那非《なび》、端下《せじも》、宗伎《そぎ》、端上《せがみ》、有只《うだ》、那射《なさ》、額部《ぬかべ》、新屋《にいや》、小野《おの》、抜鉾《ぬきほこ》」の十三郷があったということです。

歴史をなおさかのぼれば、奈良時代にまとめられた『続日本紀《しょくにほんぎ》』には、和銅四年（七一一年）の「多胡郡《たごぐん》建郡」にあたって、甘楽郡から「織裳《おりも》郷、辛級《からしな》郷、矢田《やた》郷、大家《おおやけ》郷の四郷が編入された」という記録も残っています。

このように、古代甘楽郡は、他郡と比べても数多くの郷村が存在し、上野国の一之宮が

日本列島における群馬県の位置

※群馬県渋川市を中心にコンパスで円を描くと、北海道北端の宗谷岬と九州南端の佐多岬は同じ距離にあり、日本の主要四島はこの円内にすっぽりと収まります。

群馬県と甘楽富岡地域

群馬県と甘楽の位置（甘楽は都心より100km圏内にあります）

この地に置かれたのも、上野国を支える主要地域であったという理由が考えられます。旧十七郷は、すべて現在地が比定されていますので、「郷めぐり」をしてみるのも面白いのではないでしょうか。

なお、今では知る人も少なくなっていますが、江戸時代に幕府の天領となった山中領《さんちゅうりょう》の上山郷《かみやま》（現、多野郡上野村）や、中山郷《なかやま》（同郡神流町《かんなまち》、旧中里村）・下山郷《しもやま》（同郡神流町、旧万場町）なども元甘楽郡であり、旧甘楽郡はこんなにも広かったのです。

さらに、名所旧跡を挙げれば、南西部にそびえる稲含山《いなふくみやま》、荒船山《あらふねやま》、妙義山《みょうぎさん》をはじめ、中央部を流れる鏑川と上流南牧川の渓谷美、世界遺産の富岡製糸場と荒船風穴、下仁田ジオパークと青岩公園、国内洋式第一号の神津《こうづ》牧場、七日市藩藩邸、小幡藩《おばたはん》陣屋と大名庭園の楽山園《らくさんえん》、城下町小幡の遺構と雄川堰《おがわぜき》のほか、一之宮貫前《ぬきさき》神社、妙義神社、中之嶽《なかのたけ》神社、宇芸《うげ》神社など、枚挙にいとまがありません。

特に、甘楽町の小幡八幡山より眺める南西に連なる山々は、一見の価値があります。

自動車で甘楽富岡を訪れる場合は、旧中山道《なかせんどう》の本庄宿（埼玉県本庄市）と長野県佐久地域を結ぶ上州姫街道（下仁田道）を使用するか、上信越自動車道を利用すると便利です。

鉄道を利用する場合は、高崎駅と下仁田駅間を結ぶ上信電鉄を利用することになります。東日本最古の私鉄で、甘楽富岡地域だけでも、半数以上の十一駅が設置されています。高崎駅での乗降ホームは0番線になっていますので、注意が必要です。

二　甘楽弁の特徴

甘楽人（甘楽の住人）は、あまり気づいていないかも知れませんが、甘楽弁には俗っぽい表現が多く、県外の方が甘楽弁に遭遇《そうぐう》すると、ぶっきら棒で馴れ馴れしい物言いに違和感を覚えるようです。

西上州（西毛《せいもう》地域）の甘楽弁は、上州弁（群馬弁）の一種であり、県内の他地域と比べても共通表現が多くみられますが、甘楽地域の立地を考えると、県外周辺地域の影響も多分に受けているようです。

一口に「上州弁」とは言うものの、長野県や埼玉県に隣接する西毛地域の甘楽弁は、県庁がある前橋市を中心とする中毛《ちゅうもう》地域、新潟県や長野県に隣接する北毛《ほくもう》や吾妻《あがつま》地域、栃木県や埼玉県に隣接する東毛《とうもう》地域などの言葉と比較すると、多少の違いがあります。

甘楽弁には、甲州弁（山梨県）、秩父弁や児玉弁（埼玉県）、佐久弁（長野県）、江戸下町言葉（東京都）などと重なる表現も数多く、その地域の人々と話してみると、同様に使用される言葉が多いのに、びっくりすることがあります。

また、上州（群馬県）は、関東における交通の要衝であり、江戸時代の主な街道を挙げれば、江戸と京を結ぶ中山道《なかせんどう》（西毛地域を通過）を中心に、越後（新潟県）に通じる三国街道、東北地方に向かう会津街道や奥州街道、日光例幣使《れいへいし》街道、信州（長野県）に通じる上州姫街道（下仁田道）や十石《じっこく》街道などさまざまです。

このように概観してみると、甘楽弁は、『古くから使用してきた言葉と、人々の交流によって得られた新しい言葉の融合弁』と考えられます。

したがって、甘楽弁だけにみられる特徴を抽出することは至難の業であり、私が今まで身に付けてきた経験則から、一般的に使用される表現と比較検討し、その特徴を洗い出してみたいと思います。

（一）「だんべぇ」は上州弁や甘楽弁の代表格

上州弁における一番の特徴は、「べぇ」や「だんべ」という表現を使用するところです。上州人にとっては必須アイテムになっています。この言葉を使用する人物は「群馬県民」と考えられますが、実は隣接する埼玉県西北部でもよく使用されています。

関東地方では、同様に「だべ」や「だっぺ」という表現も使用されるので、関東圏外の方にとっては、その分布状況が分からないようです。

大雑把に分類すれば、千葉県や神奈川県及び東北地方で使用されているのが「だべ」であり、茨城県を中心に栃木県東北部などで使用されるのが「だっぺ」表現です。群馬県を中心に埼玉県西北部などで使用されているのが「だんべ」ということになります。

そんな状況の中で、甘楽人は「だんべ」を「だんべぇ」と伸ばして常用するところに特徴があります。

しかし、「だんべぇ」表現は、甘楽周辺の高崎市や藤岡市、安中市などの地域でも使用されることがあるので、注意が必要です。

いきなし（突然）の余談になりますが、子供の頃、近所に口を開けば「だんべぇ」を連発するおじさんがいました。私たちは、「だんべぇおじさん」と呼んでいました。「そうだんべぇ」「嘘《うそ》だんべぇ」「行ぐんだんべぇ」というように、ひっきりなしに使用するのです。当時私は、なんでそんなに使用するのか、不思議でなりませんでした。

最近になって、「だんべぇ」をめた（何度も）使用する自分に気づきました。もしかすると、近所の子供たちから「だんべぇおじさん」と呼ばれているのかも知れません。

（二）甘楽弁は古語や訛《なま》り表現が多い

上州弁や甘楽弁は、すでに述べたように、東日本方言の中でも西関東方言に当たります。

甘楽では、「止《よ》す」（やめる）という言葉がよく使用されています。もちろん、上州の各地域でも、わが郷土の方言のごとく共通して使用される表現です。

しかし、この言葉は、上州や甘楽だけで使用される専売特許ではありません。愛知県や静岡県などでも、使用する地域があるようです。

かつては、東日本（関西地方より東側）で広く使用されていた古語のようです。甘楽弁で話せば、「はぁよせやぁ！」（もうやめろよ！）や「よしゃぁいいんに」（よせばいいのに）、「明日はよしだ！」（明日はやめた！）というように使用します。

このように、甘楽弁には、今でも日本古来の言葉が残り、そのまま使用されている例がたくさんあります。詳しくは、後述の『甘楽弁のいろいろ』で紹介したいと思います。

また、甘楽人は、日頃あまり他人行儀な気取った表現を使用する必要もなく、日常会話の中では、訛り表現が当たり前になっています。

誰もが知る「大きさ」を表す表現に、「でっかい」（大きい）や「ちっちゃい」（小さい）という言葉があります。これも古くから使用されてきた言葉であり、甘楽弁では「でっけぇ」や「ちっちぇぇ」など、訛って話すところに特徴があります。

昔の甘楽人は、地名まで訛って、下仁田町のことを「しもんた」と呼んだり、甘楽町の平石地区を「ひれぇし」と呼んだりしています。

この類いの表現も、後述の『甘楽弁のいろいろ』の中で取り上げてみたいと思います。

(三) 甘楽弁は語尾を伸ばすのが当たり前

甘楽人は、語尾や語と語の接続音を伸ばして話すところに特徴があります。

最初に、どのように語尾を伸ばして使うのか、実例を紹介します。

全国的に使用される言葉に、「知ってるよね」という表現があります。甘楽人は、「知ってるよねぇ」というように使用するのです。単に「ね」を「ねぇ」と発音するだけの違いではありますが、そこには、甘楽人の気質や心根が込められている感じがします。

他にも、「そうだいねぇ」(そうだよね)、「知ってるだんべぇ」(知ってるだろう)、「知らねんきゃぁ」(知らないのか)、「いがぁ」(行くよ)というように、語尾を伸ばすのが当たり前になっています。

また、甘楽弁には、語間の音を伸ばす表現も多くみられます。

最近の日本語表現では、何でもかんでも伸ばす音を長音(ー)で表記する方法が目立っています。

ところが、甘楽弁には半長音が多く、正確な発音を理解するには拗音《ようおん》が必要となります。

例えば、「おしゃぁるく」という甘楽弁があります。語源は「おし歩く」ということですが、先ほど述べたように、甘楽弁は半長音が多いため、決して「おしゃあるく」や「おしゃーるく」という表現にはなりません。厳密にいえば、「おしゃぁるく」という表記が正しいのです。

一般的に、半音文字（拗音や促音など）をいくつも重ねて表記するのは珍しいことですが、前著同様、本書でも本来の発音に近づけるため、あえて半音を重ねる表記を用いています。

なお、会話で使用される言葉に、「ついと」（ついに・とうとう）という表現があります。甘楽人は、「ついとう」という言い方をします。この場合、語尾は半音でなく一音分の長さとなっているため、「ついとう」という表現になっているのです。

微妙な話し方の違いもあって、県外の方にとっては、まったく別の表現に聞こえるかも知れません。

(四) 形容詞表現の訛り

上州弁や甘楽弁は、東国訛りの一種であり、形容詞表現の使い方にも特徴があります。末尾の終助詞によって、語形に違いがみられるのです。

甘楽では、「冷たい」という場合に、「冷てぇ」と訛って表現します。同じように「かたい」という場合は、「かてぇ」と表現するのです。

また、「かい」という終助詞を含む形容詞では、「けぇ」や「っけぇ」と表現するのが習わしになっています。

実例を挙げれば、「みじかい」は「みじけぇ」と使い、「細かい」は「細っけぇ」、「柔らかい」は「柔らっけぇ」や「やっけぇ」というように使用するのです。

このようなお国訛りは、東日本では広汎にみられる表現方法ですが、甘楽弁では、すべてが同じように訛って使用されています。

ところが、不思議なことに、「美しい」や「やさしい」「かわいい」などの形容詞は、なぜか例外であり、決して訛ることはありません。

（五）甘楽弁は縮約して話すのが常識

全国的にみられる表現方法の一つですが、甘楽弁は前後の音を重ね合わせ、縮約音で話すのが当たり前になっています。

よく使用される表現に、「〇〇しとく」という言い方があります。意味は「〇〇しておく」ということであり、誰もが聞き覚えのある表現ではないでしょうか。

実例を示せば、「放っておく」という場合は、「放っとく」や「ほっとく」という言い方になります。「買っておく」という場合は「買っとく」と話し、「話しておく」は「話しとく」というように表現するのです。

また、標準語で「○○して行く」という表現があります。甘楽弁では、「○○してぐ」という言い方になります。

甘楽弁は、「行く」を「行ぐ」と訛って常用するため、このような連語では「行ぐ」の「行」が省略されて、「○○してぐ」という表現になるのです。

他にも、「放ってぐ」や「買ってぐ」「寄ってぐ」「見てぐ」「話してぐ」という調子で、甘楽人は愛用しています。

さらに甘楽弁は、「は」（ワの音）が訛り、縮約音になってしまうことがあります。

例文を示せば、

「そらぁそりゃぁ、大した話じゃぁねんで、こんだぁ、おらぁ行がぁしねぇよ！」

という文言が考えられます。大意は、

「それはそれは、大した話ではないので、今度は、俺は行かないよ！」

ということになります。

この中で、「そらぁ」と「そりゃぁ」は言い方が違うだけで、同じ意味になります。

「おらぁ」は「おりゃぁ」、「行がぁ」は「行ぎゃぁ」と言い換えることも可能です。

甘楽人は、自分の好みで使用しますので、県外の方にとっては、この辺りが難しいのかも知れません。ネイティヴの表現を、ぜひ自分の五感で感じ取ってほしいと思います。

（六）疑問文の作り方

甘楽人が質問する時の特徴として、二種類の言い方があります。

まず一つは、動詞の語尾を半音伸ばすとともに、言葉尻を上げて尋ねる方法です。

例を挙げれば、「やるぅ？」（やるの？）、「みるぅ？」（みるの？）、「喰《く》うぅ？」（喰うの？）、「使うぅ？」（使うの？）、「話すぅ？」（話すの？）という塩梅《あんばい》です。

もう一つは、動詞の語尾に「ん」を付けて疑問形にする方法です。「やるん？」「みるん？」「喰うん？」「使うん？」「話すん？」という具合になります。

他の地域でも、同様に使用されることもあり、取り立てて珍しいわけではありませんが、甘楽人は、いつもこんな調子で話すので、時に不思議に思われるようです。

この原則は、動詞だけでなく、形容詞の場合も適用が可能です。

例えば、「だるい」という形容詞は、甘楽弁で「だりぃ」と訛って使用しますが、「だるいの？」と聞く場合には、「だりん？」と表現するのです。「おかしいの？」と聞く場合には、「おかしん？」となります。

このような表現を繰り返し聞くと、違和感を覚える方もいるかも知れませんが、私は、経済効果も期待できる究極の省エネ用法だと考えています。

なお、動詞の過去形の場合は、「ゆんべはどこに行ったん？」（昨晩はどこに行ったの？）

や「話を聞いたん？」（話を聞いたの？）というように表現します。

語尾に「たい」を含む形容詞では、「荷物が重てん？」（荷物が重たいの？）や「眠ってん？」（眠たいの？）というように使用するのです。

ぜひ繰り返し声に出して、自主トレーニングをしてみてください。あなたは、きっと簡単便利な甘楽弁の使い方が分かり、明日にも甘楽デビューが果たせることでしょう。

（七）助詞の「の」は「ん」に変化する

全国で広汎にみられる表現ですが、甘楽人は、日常会話の中で、繰り返し「の」表現を「ん」に変えて発音するため、県外の方の耳には奇異に聞こえるようです。

例文を示せば、

「俺ん家とおめぇん家は親戚なんで、めぇん家の法事に行ぐんだら一緒に出かけるんがよかんべぇ」という文章が考えられます。

「ん」と発音されている部分は、ほとんどが「の」の変形になっています。

また、「食べもん」（食べ物）、「本もん」（本物）、「そうなん？」（そうなの？）、「おんなしなん？」（同じなの？）、「違うん？」（違うの？）、「来るん？」（来るの？）、「出るん？」（出るの？）、「行ったん？」（行ったの？）など、のべつ幕なしに使用します。

甘楽人はこんな調子で「ん」表現を多用するので、耳目を惹《ひ》くことになるのです。

（八）甘楽弁は単純だが奥が深い

甘楽弁では、「一昨日」（おととい）のことを「おとつい」と表現します。

単純に一音違うだけですが、甘楽人にとってはこの表現の方が言いやすいようです。

また、上州訛りで「知らない」は「知らねぇ」と常用します。甘楽弁では「知んねぇ」という表現も使用されています。

さらに、「使えばいい」という時に「使やぁいい」と表現したり、「毎日」は「まぁんち」、「周り」は「まぁり」、「回《まわ》す」は「まぁす」と使用したりするのです。

このように、甘楽弁には独自に転訛《てんか》した表現も多く、言い回しは微妙で単純ですが、奥が深い言語ともいえそうです。

このあと、個性的な甘楽弁をアトランダムに取り上げ、紹介していきたいと思います。たまには声を張り上げて読んだり、甘楽弁の難しい箇所は復唱してみてください。

三　甘楽弁のいろいろ

【一番】「けぇる」は代表的な方言

前著で取り上げた「はぁけぇるんきゃぁ?」(もう帰るのか?)という表現は、数ある上州弁の中でも、わが郷土を代表するお国言葉です。大相撲に例えるならば、横綱に相当する表現といっても過言ではありません。

この表現の中で使用されている「けぇる」という言葉は、県内各地で広く使用される訛り言葉です。上州弁や甘楽弁には、その使用法に特徴があります。

例えば、「帰らない」という時に、上州弁では「けぇらねぇ」と話すのが通例になっていますが、甘楽弁では「けんねぇ」という表現が多用されています。

また、「帰ろう」という時に、上州弁では「けぇるべぇ」という表現が常用されるのに対して、甘楽弁では「けぇるんべぇ」という表現が愛用されているのです。

このような言い回しは、他の地域で同様に使用されることもありますが、甘楽では、終始一貫して常用するところに特徴があります。

さらに、「もう帰るよ」という時に、甘楽では「はぁけぇらぁ」や「はぁけぇらい」

「はぁけぇるでぇ」という表現も使用します。

皆さんが住む地域にも、横綱級に相当する方言がたくさんあることでしょう。そんな方言を探してみるのも、てんで（とても）楽しいものです。

【二番】「ぶちゃぁる」とは

上州（群馬県）では、「物を捨てる」という時に、「ぶちゃる」という表現がよく使用されています。

その使用状況を調べてみると、群馬県内だけでなく、広く山梨県や長野県、新潟県などでも使用する地域があり、どうやら古語の「打ち遣《ぶや》る」が語源のようです。

もちろん、甘楽でも常套語《じょうとうご》の一つになっていますが、どちらかというと、「ぶちゃる」よりも「ぶちゃぁる」という表現の方が多く用いられています。

平時の甘楽人の話し言葉では、

「いらねんだら、ぶちゃぁるよぉ！」（要らないのなら、捨てるよ！）や、

「何かぶちゃぁる物はあるかや？」（何か捨てる物はあるかい？）というように、半長音を入れて話すことが多いのです。

ところが、昔の親が子供を叱責《しっせき》する場合には、

「言うことを聞かねんだら、橋の下にぶちゃぁってやんべぇ！」（言うことを聞かないのなら、橋の下に捨ててやるぞ！）とか、

「しゃいなしばっかししてりゃぁ、山にぶちゃぁっちゃうど！」（ふざけたことばかりしていれば、山に捨ててしまうぞ！）というように、まったく人権を無視した過激な表現で叱られたものです。こんな苦い思い出がある甘楽人は、きっと私だけではないはずです。

もっとも、昔の甘楽人は、他人の車に同乗させてもらった際に、自ら自分自身を、

「その辺でぶちゃぁってもらやぁいいんだい！」（その辺で置いていってもらえばいいよ！）とも話していました。それほど身近な言葉だったのです。

しかし、社会や人心に変化がみられる現在、さすがに甘楽でも、「子供をぶちゃぁる」という表現を使って叱る親はいないことでしょう。

現在の親の会話に耳を傾けると、

「言うことを聞かないなら、ゲーム機なんかぶちゃぁりな！」や、

「そんな物はぶちゃぁってきな！」など、物を捨てる話がよく聞かれます。

もしかすると、出かけた際に、

「言うことを聞かねんなら置いて行くぞ！」と叱りつける親はいるかも知れませんが、昔も今も、本当に子供をぶちゃぁって（置き去りにして）しまう親はまずいないでしょう。

このように、甘楽人は、その時の状況によって叱り方は異なるものの、とりわけ「ぶ

ちゃぁる」という表現は、今でも甘楽弁としてしぶとく生き残っているのです。

【三番】「ぼっとかすると」や「ぼっとかして」表現

前著の中で、ユニークな甘楽弁の一つとして取り上げた表現ですが、初めてこの言葉に触れた方にとっては、てんずけ（いきなり）「ぼっと」という表現を聞かされても、何のことかさっぱり分からないことでしょう。

もしかして、「ぼうっと」という言葉と混同し、勘違いされる方が多いかも知れません。上州弁や甘楽弁の中には、「ぼうっとしてるんじゃねぇ！」という注意喚起の文言もありますが、それとは、まったく縁もゆかりもない表現です。

甘楽弁には、「ぼっと」を使った「ぼっとかすると」や「ぼっとかして」という表現があるのです。「偶然に」や「もしかして」という意味で使用されています。

県内でも、「ぼっとすると」や「ぼっとして」という表現を使用する地域はあります。しかし、甘楽では、常に「ぼっと」でなく、「ぼっとか」という表現で使用されているのです。そこには微妙なニュアンスの違いがあり、「か」音を入れることで、甘楽人の強い魂が込められている感じがします。

ぼっとかして、皆さんの周りに「か」音を入れて話す人物がいれば、恐らくそれは「甘楽人」と考えられます。もしくは「周辺人」及び「縁故のある人物」ではないでしょうか。

【四番】「ちっとんべぇ」と「ちっとんばい」の違い

「ちっとんべぇ」と「ちっとんばい」には、どんな違いがあるのでしょう。

西上州（西毛地域）では、どちらの表現も広く愛用されている言葉であり、知らない人はいないというほど、メジャーな方言です。

もちろん、甘楽でもよく使用されていますが、私は生粋の甘楽人であるにもかかわらず、「ちっとんばい」という表現を一度も使用したことがありません。

どちらの表現も、「少しばかり」や「ほんの少し」という意味で使用されているので、「べぇ」が「ばい」に訛ったと予測する方もいることでしょう。

すると、「そうだんべぇ」や「行ぐんべぇ」という方言は、「そうだんばい」や「行ぐんばい」と使用してもよいことになってしまいます。

私は、そんな上州弁や甘楽弁を、過去に一度も聞いたり話したりしたことはありません。

しかしながら、先の予測は必ずしも間違いでなく、正しいともいえるのです。

甘楽弁には、「これっちんべぇ」（こんな少しばかり）に対して「これっちんばい」、「嘘べぇ」（嘘ばかり）に対して「嘘ばい」、「お茶べぇ」（お茶ばかり）に対して「お茶ばい」

などの類義語もあります。

要するに、言葉によって、「ばい」を使うものと使わないものがあるのです。

前著でも同じような事例を紹介したので、覚えている方もいることでしょう。そこには『男言葉』と『女言葉』の違いがあります。

もともと、男言葉と女言葉の区別があったわけではありません。いつの頃か、日常生活の中で使い分けが必要となり、生まれた表現と考えられます。

別の事例を取り上げてみたいと思います。

今ではたいへん珍しくなりましたが、昔は男女問わず、「おれ」や「おめぇ」という表現が常用されていました。私の知る限り、身の回りでも、明治から大正生まれの女衆《おんなし》（女性）は、日常当たり前のように使用していました。

テレビなどを見ていると、東北地方や関東周辺では、まだ高齢女性が普通に「おれ」や「おめぇ」という表現を使用している地域もあります。

ところが、男衆《おとこし》（男性）に比べて表現を気にする女衆は、だんだんつ（徐々に）別の表現を使用するようになり、「おれ」や「おめぇ」という表現は、結果的に男衆のみが使用する「男言葉」となったようです。

西上州の甘楽では、男衆が「ちっとばかり」（少しばかり）を「ちっとんべぇ」と使用するのに対して、女衆の多くは「ちっとんばい」を使うようになったと考えられます。

実際は、どちらを使ってもよいと思いますが、ハイカラな女衆は、より女性らしい「ちっとんばい」という表現を好んで使用したようです。

私は、そんな習わしがあって、昔から「ちっとんばい」を使用したことがないのです。

【五番】「まっさか」という方言

甘楽では、「まっさか」という方言が愛用されています。

しかし、この言葉は甘楽ブランドではなく、隣接する周辺地域でも広く好まれて使用されています。

令和三年に放映された大河ドラマ『晴天を衝《つ》け』の中でも、渋沢栄一翁が住む血洗島（現埼玉県深谷市）の人々が多用していたので、覚えている方もいらっしゃることでしょう。

ぼっとかして（もしかして）、初耳だという方の中には、「まさかの誤用ではないか？」と考える人もいるかも知れません。

促音便の「っ」が入るだけで、まったく異なる方言となるのです。意味はまっさか広く、「本当に」「実に」「とても」「もの凄《すご》く」という時に使用する、まっさか便利な言葉です。

例文を挙げれば、

「急に出てくるんだもん、まっさかたまげたい！」（急に出てくるので、もの凄くびっくり

したよ！）というように使用するのです。
この文章では、「まっさか」が付いたことにより、「たまげた」が「おったまげた」や「ぶったまげた」とおんなし（同じ）ような意味合いになっています。

また、「人生には、上り坂と下り坂のほか、『まっさか』や『まさか』というさかがある」と説く先達もいますが、私の脳裏に残る「まっさか」は、四十年以上も昔の話になります。

三重県内の友人が、「まっさか」という言葉を盛んに使用していたのをよく覚えています。甘楽弁の「まっさか」とはまったく無関係ですが、伊勢松坂商人や松阪牛などで有名な「松阪市」のことを、そう呼んでいたのです。私には、何度かまっさかを訪れた記憶がまっさか昨日のようによみがえってきます。

【六番】「こさえる」から生まれた「こしゃう」「こしゃえる」という方言

日本各地で、古くから使用されてきた言葉に「こしらえる」という表現があります。漢字を使って表記すれば、「拵える」であり、意味は「作る」ということになります。今では、全国各地で「作る」という表現が広く使用されるようになったため、死語に近い言葉になっているようです。

上州（群馬県）では、一般的に「こしらえる」の音が詰まって、「こさえる」という通俗的な表現が愛用されてきました。

甘楽の里では、同様に使用されることもありますが、どちらかというと、さらに転訛した「こしゃう」や「こせぇる」という表現の方がよく使用されます。その過去形は、「こしゃった」や「こせぇた」ということになるのです。

使用例を挙げれば、

「パンケーキこしゃう（こせぇる）んで一緒にこしゃってみない？」（パンケーキを作るので、一緒に作ってみませんか？）や、

「五目ごはんこしゃった（こせぇた）んで食べない！」（五目ごはんを作ったので食べなさい！）というように使用します。

ところが、甘楽弁で「こしゃえる」と使った場合は、単に「作る」だけでなく、「作れる

（作ることができる）」という意味も含んでいるのです。

「やきもちだらこしゃえるんで、教えるよ」といえば、

「やきもちなら作れるので、教えてあげるよ」という意味になります。

このように、地域では、「こさえる」から派生した「こしゃう」「こしゃった」「こしゃえる」などの方言が、昭和五十年（一九七五年）頃まで盛んに使用されていたのです。

最近、かつての教え子に話を聞くと、聞き覚えはあるものの、使いこなすことは容易でなく、とりわけ「こしゃえる」の使い方がむずい（難しい）ということでした。

【七番】語尾に使う「だい」や「でぇ」という言葉

「○○だい」という言葉は、ことさら珍しい表現ではありませんが、甘楽では、わが郷土独自の方言のごとく多用しています。

私が子供の頃、「○○です」というような表現は、学校で使うか、大人に対して使うだけであって、親しい間柄では、ほとんど使用した覚えがありません。

「おらぁ白蝶草《はくちょうそう》の花が好きだい！」といえば、「俺は白蝶草の花が好きです！」ということになり、甘楽では、この表現さえ知っていれば、十分に通用したのです。

日常会話で、ぼっとかして（万が一）「○○です」というような表現を口に出そうものな

ら、「おめぇ、今日どっかおかしんじゃねん？」と、不思議に思われるほどでした。

この「○○だい」という表現は、同時に「○○だよ」という意味もあるのです。

私は、どっちかっちゅうと（どちらかというと）、「俺は白蝶草の花が好きだよ！」という気持ちで使っていたような気がします。

また、甘楽弁では、語尾に「でぇ」を付ける表現もよく使用しています。

終助詞の「よ」に当たる語であり、「知ってるでぇ」といえば、「知ってるよ」ということであり、「好きだでぇ」といえば、先の「好きだい」と同じ意味になります。

わが地域では、会話文のほとんどが「だい」と「でぇ」を使用すれば、通用するのです。

私は、こんな簡単便利な甘楽弁が身に付いているので、今でも仲間同士で話す場合には、決して手放すことができません。

振り返ってみれば、甘楽人は、なんとも不思議な「だい」と「でぇ」の言語環境の中で揉《も》まれ、育ったといえそうです。

【八番】「おさぁる」や「おさぁった」「おせぇる」という方言

上州では、一般的に「教わる」や「教えてもらう」という時に、「おさる」という表現が使用されてきました。「教わった」や「教えてもらった」という時には、「おさった」という表現を使用するのです。

甘楽弁では、「おさる」を「おさぁる」、「おさった」は「おさぁった」というように、半長音の「ぁ」が入るところに特徴があります。

使用例を示せば、

「勉強おさぁる時にゃぁ、手悪さしちゃぁ駄目だでぇ！」（勉強を教えてもらう時には、手遊びをしてはいけないよ！）や、

「ロコモコのこしゃい方をおさぁったんで一緒にこしゃってみない？」（ロコモコの作り方を教えてもらったので、一緒に作ってみませんか？）というように使用します。

甘楽弁で使用される「おさぁる」や「おさぁった」という表現を聞くと、半長音が加わることにより、何となく甘楽人の気質が滲《にじ》み出ている感じがします。

また、甘楽人は、他人に物事を「教える」という時に、「おせぇる」という表現をよく使用します。

「俺がおせぇてやんべぇ！」といえば、「俺が教えてやろう！」という意味であり、

「おせぇてくれるかい？」といえば、「教えてもらえますか？」ということになるのです。

皆さんは、甘楽人がこんな表現を使用する時に、どんな表情で語るのか、見たいと思いませんか？　自分はさておき、他人の表情を見るのがまっさか（実に）面白いのです。

【九番】多用する「ちゃう」や「ちゃった」表現

『困っちゃうナ』といえば、昭和四十一年（一九六六年）頃にヒットした歌謡曲であり、中高年以上の方であれば、誰もが覚えているのではないでしょうか。

語源は、東京方言の「困っちまう」が変化し、関東一円で使用されるようになったと考えられます。それが、だんだんつ（段々と）全国に広まっていったようです。

甘楽では、同じような意味で「困らい」という表現も使用されますが、同時に、「困っちゃう」という言い方も常用しています。その過去形は、「困っちゃった」（困っちまった）ということになるのです。

このように、鏑《かぶら》（甘楽）の里でも、「ちゃう」や「ちゃった」という表現は、古くからよく使用されてきましたが、その使用法には多少の違いがあります。

どちらかというと、甘楽人は「困っちゃわい」（困ってしまうよ）や「困っちゃったい」（困ったよ）というような使い方をします。

前著では、「ちゃう」表現を詳しく取り上げていますので、本書は「ちゃった」表現を中心に言及してみたいと思います。

甘楽人が「八ツ場《やんば》ダムで水陸両用車に乗ってきちゃったい！」といえば、「（吾妻地域にある）八ッ場ダムで水陸両用車に乗ってきたんだよ！」という意味であり、

「イタリアのチェルタルドワインが飲みてんで、道の駅甘楽で三本も買っちゃったい！」といえば、「（ここでしか手に入らない）チェルタルドワインが飲みたいので、道の駅甘楽で三本も買ったんだよ！」ということになるのです。

この二つの甘楽弁表現については、若干の説明を加える必要があります。

「ちゃった」という表現は、直訳すれば「してしまった」という意味ですが、甘楽人が「ちゃったい」という表現を使用する場合、「仕方なくしてしまった」ということではありません。むしろ、積極的に「したんだよ！」という事実を知らせるために使用するのです。

また、甘楽人は、語尾に「ん」を付けて「ちゃったん？」という表現も多用します。「はぁ食べちゃったん？」といえば、「もう食べてしまったの？」ということであり、この場合は、「してしまった」という捉え方で間違いはありません。

他にも、「勝手にやっちゃったん？」（勝手にやってしまったの？）や、「置いてかれっちゃったん？」（置いていかれてしまったの？）、「騙《だま》されちゃったん？」（騙されてしまったの？）など、のべつ幕なしに使用します。

甘楽に来たら、こんな表現をめた（何度も）、生《なま》音声で聞いちゃう（聞いてしまう）かも知れません。皆さんは冷静に対処し、「甘楽にハマっちゃったい！」（甘楽が好きになっちゃったよ！）という楽しい思い出を、散々と言わず、さんざ（たくさん）作ってほしいと考えています。

【十番】「わりかし」や「わりかた」とは

甘楽では、「比較的」「割合に」「割と」という意味で、「わりかし」という表現が使用されています。同時に、地域内では「わりかた」という表現も併用されています。

どちらも、わりかし（比較的）曖昧な表現であり、どの程度の比率かは分かりませんが、「わりかし難しんだいなぁ！」（割合に難しいんだよな！）や、「わりかた合わねぇ話だい！」（割と合わない話だよ！）というように使用するのです。

しかし、現在「わりかし」という言葉は、上州だけでなく、全国でも使用する地域があるようです。理由を調べてみると、関東地方で「わりかた」の俗語として使われていた「わりかし」が、昭和三十年代にヒットした映画によって、全国へ広まったようです。

甘楽では、いずれの表現も通俗的に使用してきた言葉であり、「甘楽弁」と呼んでも、まったく問題はなさそうです。

さて、初めてこのような表現に遭遇した方は、きっと「何それ？」と不思議に思ったことでしょう。その言葉があまりにも気になって、いったい全体何を言っているのか、文意をつかみ損ねてしまった人もいるかも知れません。

甘楽ネイティヴは、ほぼ共通語だと考えて堂々と使用していますので、注意が必要です。

今となっては、若衆《わけえし》（若者）が使用することはほとんどありませんが、わりかた（わりかし）年長者が使用する甘楽弁となっています。

【十一番】「おりゃぁ」と「おらぁ」の違い

自分を呼称する言葉に、「おれ」や「おら」という言い方があります。甘楽では、古くから「おれは」という時に「おりゃぁ」、「おらは」という時には「おらぁ」という表現が使用されてきました。

では、誰もがこのような表現を使用するかといえば、今の若衆（「わかいし」とも読む）や女衆（女性）が使用することはありません。血気盛んに使用するのは、私のような昭和三十年代以前に生まれた男衆（男性）がほとんどです。

その中でも、わりかし（比較的）高齢者が「おりゃぁ」という表現を多用するのに対して、中高年くらいの層は、「おらぁ」と使用することが多いようです。

少子高齢化の中で、私は、周りの年長者からみれば「まだまだわけぇし、ひよっこだ！」と考えていましたが、最近はどうも様相が変わってきたようです。後進のためにも、そろそろ若衆を卒業する時期かも知れません。

私は、さすがに地域外では自重しますが、地域内では、相変わらず「おりゃぁ」や「おらぁ」という表現に愛着を感じ、これからも併用していくつもりです。

【十二番】三種類の「〇〇っこ」の使い方

甘楽弁の「〇〇っこ」という表現には、三種類の使用法があります。

例えば、「ふざけっこ」というと、二人以上で対戦する「ふざけ合い」を意味します。

「投げっこ」といえば、競争を表す「投げ合い」ということになるのです。

しかし、これらの言葉の語尾に打ち消し（否定）の「ねぇ」（ない）を付けると、甘楽弁では、意味が豹変《ひょうへん》してしまうのです。

「ふざけっこねぇ」といえば、「ふざけるはず（わけ）がない」という意味であり、「投げっこねぇ」といえば、「投げるはず（わけ）がない」ということになります。

甘楽弁には、以上の二つの使用法とは別に、独特な使い方があります。今では、県内でも珍しい甘楽流使用法といえそうです。

甘楽人は、よく「名詞」の後にも「っこ」を付けて、当たり前のように会話するのです。

例文を示すと、

「しゃいなしっこしちゃぁ駄目だでぇ！」といった場合、

「ふざけたことなんかしてはいけないよ！」という意味になります。

語尾に「しねぇ」（しない）という否定表現を付けると、もっと分かりやすいかも知れません。「会議っこしねぇ」といえば、「会議なんかしない」という意味であり、「お金っこ貸しゃぁしねぇよ」といえば、「お金なんか貸さないよ」ということになるのです。

ここで、三種類の「〇〇っこ」が使われた甘楽弁を紹介します。どの意味で使用されているのかを考えた後、意訳で確かめてください。

「おらぁ歯がよえんで、喰いっこで唐揚げっこ喰えっこねぇやいなぁ。酒の飲みっこだら、誰にも負けっこねんだけどなぁ」という例文が考えられます。

意訳は、「俺は歯が弱いので、喰い合い（大食い競争）で唐揚げなんか喰えるはずがないよな。酒の飲み合い（酒飲み競争）なら、誰にも負けるはずがないんだけどな」ということになります。

やや戸惑うところがあったかも知れませんが、もう一度繰り返し、例文がすらすらと読めるようになれば、甘楽人に一歩前進です。

【十三番】「〇〇っくら」という表現

上州（群馬県）では、「徒競走」のことを「かけっこ」や「とびっこ」と呼んでいます。「かけっこ」は、漢字を使って表記すれば「駆けっこ」となり、全国でも同様に使用する地域があるようです。

しかし、「とびっこ」という言い方は、全国的にみて珍しい表現ではないでしょうか。

県内ではごく当たり前に使用されていますが、漢字を当てれば、「飛びっこ」ではなく、「跳びっこ」となります。

一方、甘楽では、古くから「駆けっこ」を「駆けっくら」、「跳びっこ」を「跳びっくら」とも呼んできました。

甘楽弁の「駆けっくら」や「跳びっくら」とは、いったいどういうことでしょう。

複数のものの優劣をつける際には、何らかの基準に照らし合わせ、「比（競《くら》）べる」という作業が必要不可欠になります。

皆さんは、誰もが「背くらべ」や「力くらべ」という言葉を知っていることでしょう。甘楽でも同様に使用しますが、動詞の合成語ともなると、若干様相が変わってきます。「駆けくらべ」や「跳びくらべ」という言葉は、「くらべ」の「べ」を省略して、「駆けっくら」や「跳びっくら」となっています。

ただ、ここで注意してほしいことは、甘楽人がこんな表現を使用する際、単なる比較にとどまらず、そこには強い競争意識が働いているということです。

別の例を挙げれば、「言いっくら」は「言い合い」（言い争い）のことであり、「食べっくら」は「食べ合い」（大食い競争）、「投げっくら」は「投げ合い」（投げ競べ）、「押しっくら」は「押し合い」（押し競べ）を指す言葉となります。

甘楽人は、どちらかといえば、競うことが大好きです。このような表現を聞いただけでも気持ちが高ぶり、殊のほか張り切る人物が多いのです。

【十四番】「はぁて」とは

上州名物といえば、『かかぁ天下と空っ風《から》』が有名ですが、「空っ風」は、冬に日本海側から三国山脈を越えて上州に吹き下ろす、冷たい強風のことです。赤城山の南東に広がる地域では、「赤城おろし」とも呼んでいます。

この空っ風は、時に雪を運んでくることもあり、雪の降り方が地域によって異なるため、呼び名にも違いがあります。

主に、三国山脈に近い北毛地域や中毛地域では「吹っ越し」と呼び、東毛地域などでは

「風花《かざばな》」と呼ぶことが多いようです。

西毛地域では、どの市町村も「はぁて」と呼んでいます。

甘楽では、冬になると、花びらのようにひらひらと「はぁて」が舞うことがあります。私は子供の頃、なぜ「はぁて」と呼ぶのか、疑問も持たずに使用していましたが、どうやら、語源は「疾風《はやて》」が元になっているようです。

「はぁて」は、北風に乗って飛んでくる舞雪なので、ほとんど積もることはありません。皆さんの中には、群馬県は日本列島の中央部に位置するので、「雪国」というイメージをお持ちの方もいることでしょう。実は、新潟県に接する北毛地域の山沿いを除けば、何日も生活に影響を及ぼすような積雪はありません。

特に、甘楽を含む西毛地域は降雪が少なく、はぁてが舞ったり小雪が降ったりするだけで、子供たちは大喜びです。残念ながら、西上州（西毛地域）にはスキー場がないのです。

余談ですが、過日、初めてのはぁてを二度見して驚く、地域猫の姿を目撃しました。

【十五番】「すろ」という方言

皆さんが住む地域では、自分勝手に振る舞ったり駄々をこねたりする子供がいた時に、親や周りの大人たちは、どんな叱り方や声かけをするのでしょう。

多くの方は、てんずけ（いきなり）こんな質問をされても、その時の状況によって対処の仕方が異なるので、何とも答えられないというのが正直な気持ちでしょう。

かつて甘楽では、あちこちで「ええ加減にすろ！」という表現が使用されていました。

不思議なことに、最後に「ええ加減にすろ！」という怒声が飛ぶと、てぇげぇ（だいたい）の子供はびっくり仰天し、それまで身勝手に振る舞っていた行為がピタッと止むのです。思い起こせば、大人の一喝によって、我に返ったというのが正直な気持ちです。

ちなみに、「すろ！」という言葉は、「しろ！」や「せよ！」と命じる場合の甘楽弁であり、昔は一種の〝魔法の言葉〟だったように感じます。

では、今の親がどのように子供を叱るのかといえば、昔と同じような「いい加減にしろ！」や「勝手なことをするな！」という表現が聞かれますが、今一つ子供の心に響いていないようです。近年は、それほど子供の教育が難しくなっているのかも知れません。

身も心も丸みを帯びた今の私であれば、むやみに「ええ加減にすろ！」と怒鳴ったりはしません。同じ意味を持つ「いい加減にしな！」や「いい加減にしない！」（ほどほどにしなさい！）という表現を活用しながら、子供を優しく諭すことになるでしょう。

【十六番】「そうだいねぇ」と「そうさねぇ」

前著では、甘楽人が愛してやまない「そうだいねぇ」という表現を取り上げましたが、実は、これとは別に、同じ意味で使用される「そうさねぇ」という表現があります。甘楽では、いずれもメジャーな表現であって、標準語でいえば、「そうだよね」ということになります。甘楽人は、相槌《あいづち》を打つ時にもよく使用します。

では、どこが違うかといえば、私が子供だった頃は、「そうさねぇ」を使用する大人がほとんどでしたが、現在は「そうだいねぇ」を使用する甘楽人が大多数になっています。私は、ちょうど狭間の年代ですので、どちらの表現も使用することができます。どちらかというと、調整型の人間なので、相手に合わせて使い分けるようにしています。いずれにしても、甘楽人が口を開けば、どちらか一方の表現をめた（何度も）使用することになります。

傍《はた》で聞いている皆さんは、つい頬が緩んでしまうことでしょう。

しかし、甘楽人は、ただ「そうだいねぇ」や「そうさねぇ」を繰り返し連発しているわけではありません。「どこで話に割り込んだらよいか」を考えながら相槌を打ち、自分が主張する機会を待っているのです。

会話をする際には、甘楽ネイティヴのように相手の話によく耳を傾けながら、自分の考えを述べることが大切です。

【十七番】甘楽人が使う「しょうねぇ」や「しょうもねぇ」とは

例えば、他人に同情する際に、「寂しいでしょうねぇ」という表現を使用することがあります。甘楽弁で使用する「しょうねぇ」は、これとはまったく関係がありません。

また、「性根《しょうね》」という言葉を、甘楽人が語尾を伸ばして、そのように話すかといえば、そうでもありません。

私たち甘楽人は、何の違和感もなく、ふだん「しょうねぇ」という表現を当たり前のように使用しています。

甘楽弁で使用する「しょうねぇ」は、一般的に使用される「しょうがない」が語源のようです。「が」音が抜け落ちて訛った結果、「しょうねぇ」になったと考えられます。

通常、使用する場合は、「仕方がない」や「仕様がない」という意味になりますが、使い方によっては、「つまらない」という意味に変化してしまうこともあります。

甘楽弁で「しょうねぇことゆんじゃねぇ！」といえば、「つまらないことを言うな！」という意味になるのです。

さらに、甘楽では、「しょうもねぇ」という表現もよく使用します。

語源は、「どうしようもない」と考えられますが、使い方や意味は、「しょうねぇ」とてぇげぇおんなし（だいたい同じ）です。

心情面から考えると、差し障りのある文言ですが、「しょうもねぇことするんじゃねぇ！」という表現は、「しょうねぇことするんじゃねぇ！」と言い換えても差し障りはありません。

【十八番】やや難解な「しゃぁねぇ」と「しゃやねぇ」

甘楽弁の中には、ぶっこ抜き（そっくり）表現がさんざ（たくさん）あります。

ここで紹介する「しゃぁねぇ」や「しゃやねぇ」という表現は、先に取り上げた「しょうねぇ」や「しょうもねぇ」と比べてみても、まっさかぶっこ抜き（実に酷似した）表現になっています。

この四つの言葉は、てんで（まるで）カニ肉とカニカマ（かに風味のかまぼこ）のように似通っているので、私は勝手に「甘楽弁四兄弟」と呼んでいます。

ただ、「しゃぁねぇ」や「しゃやねぇ」という表現は、今では年長者が流暢《りゅうちょう》に使用するだけであって、死語に瀕《ひん》している表現ともいえそうです。現在の若衆に聞いても、恐らく「知んねぇ」（知らない）と答える者が多いのではないでしょうか。

まずは、「しゃぁねぇ」という甘楽弁ですが、先の「しょうねぇ」や「しょうもねぇ」と比べて、どのように違うかといえば、ただ言い方が異なるだけで、使用法や意味はまるっきしゃおんなし（まったく同じ）です。

使用例を示すと、「しゃぁねぇなぁ」といえば、「仕方ないな」という意味であり、「しゃぁねぇことばっかやってんじゃねぇ！」といえば、「つまらないことばかりやるんじゃない！」ということになります。「しゃぁねぇ」は、「しょうねぇ」や「しょうもねぇ」という表現と置き換えても、何ら差し支えはありません。

次に、甘楽弁の「しゃやねぇ」とはどういうことか、触れてみたいと思います。

この表現は、もっぱら「つまらない」や「面白くない」という意味で使用されます。

使用例を挙げれば、「しゃやねぇことをすんな！」と注意された場合、「つまらない（面白くない）ことをするな！」ということであり、「しょうねぇ」や「しょうもねぇ」「しゃぁねぇ」と、同じ意味になります。

では、甘楽人が「しゃぁねぇことばっかゆってしゃやねぇ！」と話した場合、どのように解釈すればよいでしょう。

私のような甘楽人が、「つまらないことばかり言って面白くない！」ということです。「しゃぁねぇ」と「しゃやねぇ」を入れ換えて話しても、何ら問題はありません。

このように、先の二つを含め「しょうねぇ」「しょうもねぇ」「しゃぁねぇ」「しゃやねぇ」という表現は、別個の言葉にもかかわらず、同じような意味を持ち合わせているのです。

しかし、甘楽弁に長《た》けた年長者が、いつ、どの表現を使用するかは決まっていません。その場に最もふさわしい表現を選択することになるので、皆さんは、それぞれの表現をよく脳裏に焼き付けておく必要があります。

他にも、甘楽弁には、「しゃいなしすんな」（ふざけたことをするな）や「しゃじけんじゃねぇ」（ふざけるな）など、類似した表現がなっから（たくさん）あります。

甘楽弁は、こんなジャンルになると、てんで（とても）パワフルであり、まっさか（実に）ややこしい言語といえそうです。

【十九番】「いぐ」や「くる」の変形活用

甘楽人は、「行く」という動詞を「行ぐ」と訛って使用します。その関係で、「行ぐ」の活用形は、語尾の助詞が「ガ行」で変化することになります。

例えば、「行かない」という場合は、「行がねぇ」と使用します。「行くよ」という場合には「行がぁ」、仮定形の「行くなら」は「行ぐんだら」、「行きなよ」という場合には「行ぎな」や「行ぎない」と表現するのです。

また、「来る」という動詞は、通常では考えられない珍しい使用法となっています。「こない」を「きねぇ」と表現し、「来い」という場合には「きな」や「きない」という表現を使用するのです。

このような甘楽弁の使用法には、隠れた秘密があります。

本来「来る」という動詞の命令形は「来い」ですが、丁寧な言い方に「きなさい」という表現があります。甘楽では、「さ」が抜け落ちて「きない」という表現が使用されています。「きな」という命令形に「よ」に当たる「い」が結びついて、「きない」という表現が生まれたとも考えられています。

ぜひ、あとで紹介する『甘楽弁の甘楽流活用術』をご覧になり、参考にしてください。

【二十番】「行ぎしな」という表現

甘楽弁の独特な表現として、「行ぎしな」という表現があります。

まったくもって浅学な私ですが、地域外に出かけた時に、この表現を知っている人物に出会ったことは一度もありません。

しかし、よくよく調べてみると、県外でも「行きしな」という表現を使用する地域があるようです。かつては、広い範囲で使用された古語と考えられます。

甘楽人にとっては、まっさか（とても）便利な表現であり、「行くついでに」という意味で使用します。

自分でも出かけようと思っていたところ、知人がその方面に出かけると聞いて、ついでに用事をお願いするのです。

昔の移動は、簡単に自動車でというわけにはいかず、他人に委ねられる簡易なことであれば、こんな依頼があったのです。

地域では、仁義（人としての付き合いや行い）ということもあるので、自ら訪れなければならないことまで依頼したわけではありません。

例を挙げれば、

「甲ちゃんちに行ぐんだら、行ぎしな乙ちゃんちにこれ置いてってくんない！」（甲さんの家に行くのなら、行くついでに乙さんの家にこれを置いていってください！）というように依頼するのです。

今では、ついでにお願いするような機会は減っていますが、甘楽人は、昔から遠くの親戚よりも近くの他人との人間関係や結びつきを重視し、大切にしてきたのです。

【二十一番】「いきあう」という表現

上州人ほど、この言葉に愛着を持っている日本人はいないのかも知れません。

もちろん、甘楽でも日常会話の中によく登場する言葉であり、同様に使用していますが、知人同士が顔を合わせれば、必ず「どこそこで誰々にいきあった」ということが話題に上ります。群馬県民はあまりにも多用するので、「わが郷土独自の方言だ」と思い込んでいる人物も少なくありません。

しかし、「いきあう」を漢字交じりで表記すれば、「行き会う」ということであり、どこでも使っていそうな表現です。

実は、東日本では古くから西関東方言として使用されてきた古語であって、意味は「偶然に出会う」や「ばったりと出会う」ということになります。

ただし、甘楽弁で使用される「いきあう」は、どっちかというと狭義の意味で使用されることが多く、「知り合いと偶然に出会った」という場合に使用されるのです。

近年、そんな様相も変わり、広義の意味で使用されるようになってきましたが、もともとは、「見ず知らずの人に出会った」という場合に使用する言葉ではありませんでした。

私にも、ぼっとした（偶然の）出会いがありますので、紹介してみたいと思います。

「北海道の旭山動物園に行ったら、富岡市の知り合いに行き会っちゃったい」ということがありました。数年前の出来事ですが、動物園内でばったりと知人に出会ったのです。

また、二十年以上も前の話ですが、「羽田空港で親戚の者に行き会ったたい」や、「つくば市の研修会場で大学時代の先輩と同期生に行き会っちゃったい」ということもありました。

皆さんの中にも、予期しない場所で、ぼっと（たまたま）予期しない人物に行き会った経験をお持ちの方が多いことでしょう。

ぼっとかすると（ひょっとすると）、甘楽各地（富岡市、下仁田町、南牧村、甘楽町）でそんな体験が待っているかも知れません。

【二十二番】三時のおやつは「おこじはん」

「三時のおやつ」と聞いて、まず知らない人はいないことでしょう。

甘楽では、昔からこのおやつのことを「おこじはん」や「おこじゅはん」、場所によっては「おこじょはん」と呼んでいた地区もあります。

周辺地域では、一般的に「こじゅはん」と呼んでいたようです。語源を探してみると、どうやら、甲州弁の「小昼飯《こぢゅうはん》」が原語になっているようです。

甘楽では、「小昼飯」の頭に「お（御）」を付けて呼ぶのが習わしとなっています。

しかし、昭和五十年代以降に生まれた若衆（若者）にとって、「おこじはん」や「おこじゅはん」という表現は、あまり耳慣れない言葉かも知れません。

かつて農村地域では、昼食後から夕食前まで精を出して野良仕事（農作業）を行うには、能率を高める観点からも、合間に休憩を取ることが重要でした。その際に食べた間食のことを、「おこじはん」や「おこじゅはん」と呼んだのです。

上州のかかぁ（奥さん）は、野良仕事に出かける前に、「おこじ（ゅ）はん」まで準備しなければならなかったのです。

考えてみれば、『かかぁ天下』（かかぁは天下一の働き者）の意味も分かるような気がします。

この習慣は、おやつタイムとして一般家庭

にも普及し、子供たちにとっては、毎日がてんで（とても）楽しみでした。

甘楽人が、「どんなおこじはんを食べたのか？」、後ほど『甘楽弁を支えた甘楽人の郷土食』の中で紹介しますので、ぜひ参考にしてください。

【二十三番】「とっくのもっく」という表現

私の子供時代、甘楽町では「とっくに」（とうの昔に・ずっと前に・すでに）という言葉を捩《もじ》って、「とっくのもっく」という表現が使用されていました。

県内の使用状況を調べてみると、東毛地域の太田市周辺では、普通に「とっくの間《ま》に」という表現を使用していたようですが、中毛地域の渋川市の中には、「とっくのむっく」（とっくの昔に）と使用する地区もあったようです。

では、県外はどうかを調べてみると、隣接する埼玉県の秩父市周辺では、もっぱら「とっくのまっく」（とっくの間に）という表現が使用されていたようです。この表現は、群馬県内でも、西毛地域を中心に使用されていたことが分かっています。

また、長野県や山梨県、神奈川県、静岡県などでは、音韻を踏んで「とっくのとんま」や「とっくのとうさん」と使用した地域もあるようです。

しかし、なぜ、私の地元で「とっくのもっく」を使用したのか、釈然としません。

周辺地区の様子を聞いてみると、同じ甘楽でも、「とっくのもっく」だけではなく、「とっくのまっく」を併用していたことも分かってきました。

私は、ぼっとかして（もしかしたら）、「とっく」の「と」がオ音であり、「まっく」の「ま」をオ音の「も」に換えて、「とっくのもっく」という甘楽弁が生まれたのではないかと推測しています。

今では、甘楽人が両刀使いであったことも理解し、最近は、お笑いコンビ『パックンマックン』の「マックン」が富岡市出身なので、私の仲間内では、しゃじけて（冗談めかして）「そんなのとっくんまっくんだい！」と話すこともあります。

いずれにしても、これらの表現のもとになった「とっくに」という言葉は、全国で古くから使用されてきた古語であり、関東周辺では、各地でさまざまな表現に捩《もじ》られて、一世を風靡《ふうび》する流行語になったと考えられます。

ただ、誰もがこんな表現を使用したわけではありません。私のような昔の若衆が、友人と交流を図る中で使用した戯《ざ》れ言《ごと》であって、当該地域でも初耳の方がいることでしょう。

【二十四番】「くってげぇ」と「くってぎない」の違い

甘楽人は、いきなし（いきなり）初見の方に対して、「喰ってげぇ！」（食べていけ！）

という表現を使用することはありません。

「喰ってげぇ」という表現は、地域の知り合いや子供たちに対して使用する言葉です。

では、初見の方に対して「どう表現するか」といえば、「喰ってぎない」（食べていきなさい）というのが、甘楽人の共通表現です。

ぶっきら棒な「喰ってげぇ」に比べて、「喰ってぎない」の方がずっと丁寧な言い回しになっています。

「喰ってぎない」は、「喰ってぎな」に「よ」に当たる「い」が結びついてできた表現、または「喰ってぎなさい」の「さ」が抜け落ちた表現ではないかと考えられます。

テレビ番組の受け売りになりますが、もしもあなたが甘楽に来て、

「うんめぇもん教えてくんない！」（おいしい食べ物を教えてください！）と尋ねれば、甘楽人は、「せっかく甘楽に来たんだら、○○喰ってぎない！」と教えてくれることでしょう。ぼっとかすると（もしかすると）、「俺んちのおこじはんでも喰ってぎない！」と誘ってくれる人がいるかも知れません。

一見「喰ってぎない」という表現は、ぶっきら棒な表現のように聞こえますが、甘楽人からすると、実は親しみを込めた思いやり表現であることを分かってほしいのです。

【二十五番】「いっとう」という表現

甘楽谷津《やつ》（地域）では、少なくとも昭和五十年代の初めまで「一等」という表現がよく使用されていました。「一等」とは、「最高」や「一番」を表す言葉になります。

歴史を少し振り返ってみれば、明治五年（一八七二年）、甘楽郡富岡町（現富岡市）に官営富岡製糸場が開設された時に、工女は、熟練度に応じて「一等」「二等」「三等」に区分されました。最高にランクされた一等工女は、月給二十五両（円）、次いで二等工女は十八両（円）、三等工女は十二両（円）が支給されています。

また、汽車などの座席にも、「一等」「二等」「三等」というようなランク分けがあり、乗車賃が異なっていたことを知る人も多いと思います。当時は、まだ「特等」というものはなく、とにかく「一等」が最高位だったのです。

学校の運動会でも、一位は「一等賞」、二位は「二等賞」、三位は「三等賞」というように、ランク付けされたのです。そういったことが名残となって、上州全域では、昭和四十年代頃まで広汎に使用されていたようです。

なにしろ「一等」は最高位ですから、甘楽人は、

「健康にゃぁ仲間としゃいなし言いっこしてりゃぁ一等だい！」（健康には、仲間とふざけたことを言い合っていれば最高だよ！）や、

「甘楽能を観てんだら一等席をとっときない！」（甘楽能を観たいのなら、一番良い席を取っておきなさい！）というように使用してきました。

恐らく上州や甘楽だけでなく、かつては、全国各地で同様に使用されていたのではないかと考えられます。

【二十六番】「ねん」という表現

甘楽では、「ねんじゃねん」という表現がよく使用されます。

直訳すれば、「ないのではないか」ということになりますが、甘楽ネイティヴは「ないよね」や「ないだろうね」という感覚で使用しています。

この場合に、強勢音は「ね」に置かれるのが特徴になっています。

この文言は、「ねん」という言葉が「じゃ」の前後に使用されていますが、前者は「ない」という意味であり、後者は念押しの「ね」という意味合いがあります。

余談になりますが、もしも甘楽人が「ねんじゃねんじゃねん」と話した場合、皆さんはどのように解釈しますか？

「ない」という意味で使用されているのは、最初の「ねん」だけであり、二番目と三番目の「ねん」は、念押し・ダメ押しの「ね」ということになります。意味は「ねん」がいくつ追加されても、「ねんじゃねん」とまったく同じです。
甘楽人は、通常「ない」という場合に「ねぇ」を使用しますが、この例のように「ねん」を使用することもあるのです。

しかし、文章の中で、「ない」を表す「ねん」が、いつも言葉の先頭に来るとは限りません。むしろ後ろに付く場合が多いので、注意が必要です。

もしもあなたが「知らねん?」(知らないの?)と聞かれ、「知らない」と答えるには、「知らねぇ」と話すのが一等(最適)です。甘楽人の中には、オウム返しに「知らねん」(知らない)と答える者や、「知んねぇ」と答える者もいるかも知れません。

要するに、「ねん」という表現は、もとを質《ただ》せば「ねぇん」になるはずですが、甘楽人は、そんなわずらわしい言い方を避け、簡単に縮めて「ねん」を常用しているのです。

また、先の質問に「知っているよ」と答える場合に、甘楽人は「知ってらぁ」あるいは「知ってらい」と話しますので、口頭でよく復唱してみてください。

県外の方にとっては、関西弁の「ねん」と使用法が異なるので、「ねぇ」に比べて「ねん」の使い方がもちゃっけぇ(厄介)で難しいようです。

【二十七番】「そいでいん?」とは

甘楽人は、「それでいいの?」と聞く場合に、「そいでいん?」と表現します。

この場合の「いん?」は、正確にいえば「いいん?」となるはずですが、発音しやすさもあって、重なる「い」音が一字省略されて使用されるようになったと考えられます。

また、「おかしんだいねぇ!」(面白いんだよね!)という表現も、厳密にいえば「おかしいんだいねぇ!」が正しいはずですが、「い」音が省略されて使用されています。

このように、甘楽弁の中には、音を省略したり縮約音(「二　甘楽弁の特徴」参照)になったりする表現がさんざ(たくさん)ありますので、他にも探してみてください。

ところで皆さんは、甘楽人に「そいでいん?」(それでいいの?)と聞かれた場合、どのように返答したらよいと思いますか?

「いいよ」と答える場合は、オウム返しに「そいでいん!」と話すか、あるいは「いん!」と話せば正解です。「よくない」と答える場合には、甘楽弁で「よかぁねぇ!」(良くはない!)と返答すれば一等(最高)です。

【二十八番】「いんじゃねん」という表現

甘楽弁で「いんかねぇ?」（いいのかな?）と聞かれて、「いいのではないか」と答える場合、私なら迷わず「いんじゃねん」という表現を選択します。

甘楽の女性や若者であれば、もっと丁寧に「いいんじゃないかねぇ」と答えますが、東毛地域の桐生《きりゅう》市周辺では、「いいがね」という表現をよく使用するようです。

実際には、甘楽ネイティヴが使う「いんじゃねん」には、微妙な気持ちが込められています。「いいよ」と肯定する場合は、間髪を容《い》れず「いんじゃねん!」と答えますが、明確に否定する場合には、「よかぁねぇ!」と答えることでしょう。

判断に困った場合には、「どっちもいんじゃねんかねぇ?」（どっちでもいいのではないかな?）と答えて、相手にその判断を委ねることになります。

ところが、最近の若衆（若者）は、「ねんじゃねん」を「ねんじゃね?」と表現するように、「いんじゃねん」は「いんじゃね?」という言い方を好んで使用しています。

甘楽でも、年長者と若者の間で、明らかに言葉の使い方が変わってきているようです。

【二十九番】「だごうしゃく」という言葉

今では、年配者だけが知っている言葉であり、ほとんど死語になっているようです。甘楽では、私の子供時代、あちこちで大人がよく使用していた甘楽弁ですが、私自身は一度も使用したことがありません。

甘楽弁の「だごうしゃく」（駄講釈）は、「つまらない講釈」ということになります。接頭語の「駄」には、「つまらない」や「ばかな」という意味が込められているのです。

甘楽人は、上州人気質で気短な性格のためか、くどくどしい説明を嫌う傾向があります。用件を長々と説明すると、「だごうしゃくばっかしこねてねぇで、早く言えやぁ（早く言いなよ）！」と、逆に催促されてしまいます。

甘楽人は、地域外の方に対して懇切丁寧に対応しますが、仲間や若者に対しては、こんなぶっきら棒な郷土表現を使って話すことがあるのです。

【三十番】「すらぁ」と「すらい」の違い

前著の中で、「行ってくらぁ」と「行ってくらい」という表現を紹介しましたので、きっと覚えている方もいることでしょう。

甘楽人は、動詞の語尾に「らぁ」や「らい」という表現を付けて話すことが多いのです。初めてこのような表現に出会った方は、ぶったまげて（とても驚いて）しまうのではないでしょうか。

そういう私も、自慢ではありませんが、「らぁ」や「らい」表現の愛用者です。どのように使うかといえば、「するよ」という時には、「すらぁ」や「すらい」という表現を使用するのです。

最初に、「らぁ」という表現を取り上げれば、他にも「やらぁ」「考えらぁ」「触らぁ」「困らぁ」などがあります。ここには何か、活用術に決まりがありそうです。よく考えてみれば、どの表現も「る」で終止する動詞になっています。

ここで、だごうしゃくをすれば、甘楽弁の「すらぁ」という表現は、動詞「する」の連用形であると同時に未然形でもあり、「その時が来れば、するよ」という意味も含んでいます。「するよ」と言いながらも、まだしていない状態なので、甘楽弁では「すらぁ」と使用するのです。

まっさか（本当に）駄講釈になってしまいましたが、分かっていただけたでしょうか。また、「知ってるよ」や「分かってるよ」という時にも、「知ってらぁ」や「分かってらぁ」と使用します。甘楽人は、経験則から同様に使用しているのです。

次に、「らい」という表現を取り上げてみたいと思います。

甘楽人は、「やらい」「考えらい」「触らい」「困らい」「知ってらい」「分かってらい」というように使用します。

「らぁ」と「らい」の意味は、大きく違うわけではありませんが、どちらかというと、「らぁ」に比べて「らい」の方が、強い口調で話す場合に使用するのです。

このように、甘楽人は、時と場に応じて微妙な違いを上手に使い分けているのです。

ふだんは「知ってらぁ」と話す甘楽人も、強く言い切る時や歯切れよく話す場合には、「知ってらい！」という表現を選んで使用することになります。

【三十一番】「まぁる」や「まぁす」「まぁず」という表現

てんずけ（いきなり）「まぁる」という表現を聞いて、群馬県民なら容易に理解できると思いますが、何のことか、判断が付かない方もいることでしょう。

言葉を加えて「目がまぁる」といえば、「何だ、そんなことか！」と、分かることでしょう。

甘楽弁の「まぁる」は、「回《まわ》る」ということであり、この調子で「回す」という時には、「まぁす」と使用するのです。これには、飲食店での笑い話があります。

甘楽人が、県外の友人に「その醤油《しょうゆ》まぁしてくれるぅ？」と頼んだところ、その友人は

しばらくの間、「何それ？」と呆気《あっけ》に取られていたようです。

あげくの果てに、「醤油差しを持ってグルグルと回してみせた」というのです。

実際には、「取ってほしい」という意味で使ったわけですが、回したことによって「まぁして」の本質的な意味は捉えていたようです。嘘みたいな本当の話のようです。

さらなる駄講釈になりますが、私のような甘楽人であれば、ちゃっかりすっとぼけて（知らないふりをして）、

「醤油っこまぁせっこねぇだんべやぁ」（醤油なんか回せるはずがないだろう）や、

「まぁしゃぁいいんかい？」（回せばいいのか？）と返答するかも知れません。

また、「醤油をこちらに回していただけますか？」とお願いする場合、甘楽弁では、

「醬油まぁせるん？」や「醬油まぁせるかい？」という言い方もあります。

いずれにしても、甘楽の住人は、地域で使用している表現はてぇげぇ（だいたい）共通語だと思い込んで使用しているので、ついうっかりと口を滑らっしゃう（滑らせてしまう）ことがあるのです。

なお、甘楽弁には、「まぁる」や「まぁす」のほか、「まぁず」というぶっこ抜き（酷似）表現があります。他の二つの言葉と比べても、たったの一字違いで他人の空似のようですが、意味はまったく違って、「まったく」「ずいぶん」「本当に」ということになります。

甘楽人が「まぁず違わい！」といえば、「まったく違うよ！」という意味であり、「まぁず困らい！」といえば、「本当に困るよ！」ということになるのです。

【三十二番】「ひる」という言葉

富岡市田篠地区では、「しょぐる」とも使用したようですが、甘楽全域では、「ひる」という言葉が広く使用されてきました。

生き物のヒル（蛭）ではありません。ヒルであれば、甘楽で「ひぃる」と呼んでいます。

ここで取り上げる「ひる」は、下品な用語として揶揄《やゆ》されることもありますが、甘楽弁で「しょんべんひってくらぁ」といえば、「小便をしてくるよ」という意味になるのです。

妻は富岡市内の小学校に着任した当初、可愛い子供たちから、「先生、しょんべんひってきてもいいですか？」と聞かれ、「ひるって何？」と、相当困惑したようです。

しかし、この「ひる」という言葉は、甘楽独自の方言ではなさそうです。今でも山梨県甲府市や埼玉県秩父市などでも同様に使用されています。

江戸時代には、「下町言葉」として使用されたり、九州や四国地方などでも使用する地域があったようです。

漢字を当てれば、「放尿」という言葉があるように、「放る」となります。

かつては、広い範囲で使用された古語であり、甘楽では、それが死語にならずに生き残っているのです。

この言葉の存在を知人に尋ねてみると、誰もが「甘楽独自の方言だ」と答えます。それほど甘楽人にとっては、馴染みの深い言葉となっています。

ある友人は、子供の頃、毎晩「しょんべんひってから寝な！」と言われたそうです。

「ひる」という表現は、独自の方言とはいえないまでも、独特な甘楽弁の世界を構成する重要な言葉の一つになっています。

なお、皆さんは、この言葉を使った虫がいることをご存じでしょうか？

通称名は、「へっぴりむし」と呼ばれています。漢字で表記すれば、「屁放虫」となります。正式名は、「ミイデラゴミムシ」と呼ばれるようです。

【三十三番】「おんかはだけて」という方言

語源がはっきりしない表現ですが、甘楽で古くから使用されてきたお国言葉の一つに、「おんかはだけて」という方言があります。

私は、子供の頃、公然とこの言葉を聞いた覚えがあります。なぜこんな表現があるのか、不思議でなりませんでした。

言葉の響きから、時代劇に登場する『遠山の金さん』が現れて、片肌でも脱ぎそうな雰囲気を醸し出しています。

甘楽弁で使う「おんかはだけて」は、「公然と」や「おおっぴらに」「晴れて」という意味で使用されてきました。

この言葉を調べてみると、上州弁の中に「おんか」という表現があります。「心配なく」や「心穏やか」という意味があるようです。「はだけて」は、「開いて隠し立てをしない」という意味の「開《はだ》ける」や「肌ける」が該当しそうです。

しかし、今の甘楽では、この表現を使用したり聞いたりすることはほとんどありません。

もはや死語となっているのかも知れません。

では、どのように使用したかといえば、「おんかはだけて交際が許された」（晴れて交際が認められた）というように使われたのです。

また、「おんかはだけて裸になった」といえば、「おおっぴらに人前ですっ裸になった」という意味になります。

数ある甘楽弁の中でも、てんで（とても）不思議な響きを持った方言といえそうです。

【三十四番】「おっかねぇ」という表現

東日本では、広い範囲で「おっかない」という言葉が使用されています。

「おっか」の語源が今一つはっきりしないようですが、江戸時代には、江戸庶民の間で、下町言葉（江戸弁）として常用されていたことが知られています。

浮世草子や滑稽本《こっけいぼん》などにも登場する言葉であり、それがだんだんつ（徐々に）地方へ広まっていったと考えられます。

甘楽では、「おっかねぇ」と訛った表現がよく使用されます。

最近の若者や女性の間では、「ねぇ」言葉が嫌われ、原語の「おっかない」という表現がよく聞かれます。言葉の意味は、「怖い」や「恐ろしい」ということになります。

学生時代の私は、この表現を共通語と認識して使用したところ、「そんな言葉は初めて聞いた！」と、びっくりされた経験があります。それ以来、県外の方とお喋《しゃべ》りする時には、おっかなくて使用することができません。

しかし、県内や地元ではまったく心配することもなく、「おっかながる」（怖がる）や「おっかなげ」（怖そう）などの表現も、おんかはだけて（公然と）使用しています。

【三十五番】「なんちゅん」と「なんつぅん」という表現

前著では、「ちゅう」や「つぅ」という表現を取り上げ、「ちゅう」や「つぅ」は「という」の意味であることを述べました。

その疑問形として使用される表現に、「ちゅん？」や「つぅん？」があります。

こんな言葉尻だけを取り出すと、「スズメの鳴き声か?」と連想する方がいるかも知れませんが、究極の甘楽弁訛りといえそうです。

甘楽弁で「なんちゅん?」といえば、「何というのか?」という疑問表現になります。

「ちゅう」という言葉に、疑問の「の」に当たる「ん」が重なり合って完成した表現です。

また、甘楽では、同じ意味で「なんつぅん?」という言い方も多用されています。

初めてこんな表現に出くわした方は、きっと驚いていることでしょう。

私は、「なんつぅん?」という表現を聞くと、子供時代の記憶がよみがえってきます。

実は、嘘みちょうな（みたいな）本当の話ですが、昔は友達の家に遊びに行くと、「どこん家《ち》の子だい、親はなんつぅんだい?」と、よく聞かれたものです。

私は手の平を出して、指で「丨」となぞると、「なんだ、タテイッチャン家の子かい！」と言われたのです。父の名は、世にも珍しく「丨《タテイチ》」と読み、メディアに取り上げられたこともあります。

今の私は、どちらかというと、「つぅん?」派ではなく、「ちゅん?」の愛用者です。他人に尋ねる場合には、「なんちゅんだい?」という表現を好んで使用しています。

【三十六番】「かたぁきる」や「かたぁいい」とは

私の子供時代は、「格好をつける」ことを、「かたぁきる」と表現していました。

ふだん、地域で一張羅《いっちょうら》い（「一張羅」の甘楽表現）の服を着たり、自分のことを「ぼく」とでも呼ぼうものなら、

「なっからかたぁきってらぁ！」（ずいぶん格好をつけてるよ！）や、

「まぁず気取ってるでぇ！」（ずいぶん気取ってるよ！）と、噂《うわさ》されたものです。

また、地元の八幡宮境内で行われた大衆演芸の芝居役者を観て、子供心にも、

「かたぁきってらぁ！」（格好をつけてるよ！）とつぶやいたこともあります。

このような話し言葉は、昔から伝誦《でんしょう》（口伝え）によって語り継がれてきたのです。

例えば、「悪態」という言葉があります。

東日本では、「あくてぇ」と訛って使用されてきましたが、江戸時代の庶民すべてが、「悪態」という漢字を知っていて「あくてぇ」を使っていたわけではありません。本意は理解していたと思いますが、他人が話す「あくてぇ」が伝誦で広まったと考えられます。

慣用句に、「肩で風を切る」という表現があります。意味は「肩をことさら高く上げて得意そうに歩くこと」のようですが、多分に格好を意識した表現といえそうです。

わが故郷では、誰が使い始めたかは分かりませんが、格好をつけることを「肩で風を切

る」でなく、「かたぁきる」と表現したのです。

文字どおり捉えれば、「肩を切る」ということになります。まっさか（とても）そら恐ろしい気持ちになりますが、歌舞伎の「見得を切る」や時代劇の「啖呵《たんか》を切る」などと相まって生まれた郷土表現であり、恐らく誤用と考えられます。

他の地区の知人に聞いてみても、知らない者が多く、どうやら甘楽全域で使用された言葉ではなさそうです。

ところで、学生時代、よく聞いた関西弁に「ええかっこしい」という表現があります。

私は、甘楽弁の「かたぁきる」という表現が、たとえ誤用とはいえ、関西弁の「ええかっこしい」に匹敵する、格好いい表現だと考えています。

なお、甘楽弁で「格好いい」という場合には、「かたぁいい」（型がいい）という表現をよく使用します。甘楽人にとっては、誰もが喜ぶ最高の褒め言葉です。

逆に「格好悪い」という場合には、「かたぁわりぃ」（型が悪い）という表現が当たり前のように使用されるのです。

甘楽人は、ふだんこんな表現をほぼ共通語だと思って愛用していますが、全国各地でまるっきしゃ（まったく）通用する言葉ではありません。

地域外でうっかり「かたぁいい」や「かたぁわりぃ」という表現を使ったとすれば、初めて耳にした皆さんから「何それ？」と失笑され、注目を浴びることになるでしょう。

最近、若者の間で、「かっけー」という言葉が流行《はや》っているようです。私は、東京五輪のテレビ中継で初めて耳にしましたが、時流とともに新造語が次々と誕生しています。

このような状況を目の当たりにすると、地域で受け継がれてきたお国言葉は、ちっとっつ（少しずつ）忘れ去られていく宿命なのかと、行く末を案じています。

【三十七番】「ジャンケン」のいろいろ

現在「ジャンケン」といえば、全国共通語であり、知らないという方は、まぁず（ほとんど）いないことでしょう。

わが国が高度経済成長期を迎える頃までは、全国各地に地域ならではの特別な呼び名があったようです。

甘楽では、場所によって違いもありますが、多くの甘楽人は「ちっか」や「ちっかん」「じゃいけん」と呼んでいました。

ジャンケンをする際の掛け声もさまざまで、代表例を挙げれば、「ちっかっぽっ・ぽっ…」や「ちっかんぽい・ぽい…」「ちっけった・た…」「ちっかっせ・せ…」「じゃいけんほい・あいこでしょ・しょ…」「じゃいけんさい・さい…」などがあります。

同じ上州（群馬県）でも、地域が違えば、掛け声も異なるのが当たり前です。東毛地域の桐生市周辺では、「おっちゃっち・ちっちっぽ・ぽっぽっぽ…」と使い、吾妻地域では、「おっかっきゅ・きゅ…」と使用したようです。

各地域の知人と話した際には、互いに「なんだそりゃぁ？」と爆笑した覚えがあります。

また、ジャンケンに勝つための作戦にも、いろいろなものがありました。

その一つが、交差して握った手の平をぐるっと手前にまぁして（回して）覗《のぞ》くポーズです。

子供の頃の私は、「何が見えるのか？」と不思議でたまりませんでした。向こうには確かに光は見えますが、友達は「何かが見えた！」というのです。

何回も繰り返すので、「めたやったって、見えるんはまぁずおんなしじゃぁねん！」（何回やっても、見えるのはまったく同じだよ！）と、イライラした覚えもあります。

最近になって分かったことは、それが作戦だったということです。

さらに、ジャンケンをする前に、ある者は片方の人差し指を逆の手の甲に当てて皺《しわ》を作り、「何かが見えた！」というのです。

私は、「同じ人間がやれば、いつも同じではないか？」と疑念を抱きましたが、これも作戦だったようです。

全国各地には、さまざまな掛け声や奇抜な作戦があったことでしょう。昔、子供だった大人にとっては、どれもてんで（とても）懐かしい思い出ではないでしょうか。

なお、ジャンケンにも、「ほんこ」と「うそんこ」があったことを思い出します。甘楽谷津では、「うそんこ」を「うそっこ」とも呼んでいました。

「ほんこ」は本気の勝負のことであり、「うそんこ」「うそっこ」は仮の勝負になります。子供の暗黙のルールとして、ほんこをする前に、必ず、

「じゃぁ、一回うそんこでやってんべぇ」ということになるのです。

時には、「ほんこ」の前の、順番を決めるだけの勝負でも「うそんこ」をするはめになり、「本当にうそんこをする必要があるのか?」と、内心疑問に思うこともありました。

現在、皆さんは、どのようにジャンケンをしますか? 童心に返って、子供の頃の仕草やルールでやってみても面白いのではないでしょうか。

【三十八番】「みそっかす」や「みそっちょ」とは

私の子供時分は、異年齢集団で遊ぶのが当たり前でした。そんな中で、子供はいろいろなことを学んだのです。皆さんの中にも、同じような経験の持ち主が多いことでしょう。

学校から帰ると、すぐに宿題もせず遊びに出かけ、夕方遅くまでよく遊んだものです。

子供同士で、鬼ごっこや「かくねっこ」（かくれんぼ）、缶蹴りごっこなどをして遊ぶ際

には、幼い子供もいたので、まぜて（仲間に入れて）遊んでいました。

しかし、幼児が鬼になると、遊びは成立しません。幼児を「みそっかす」や「みそっちょ」（鬼にならない子）と呼んで、特別参加させていたのです。

今となって考えれば、「みそっかす」や「みそっちょ」とは、まぁず（ずいぶん）失礼な呼び方ですが、甘楽っ子は、「共に遊び共に育つ精神」を持ち合わせていたのです。

【三十九番】「せんぎょ」や「しょんぎ」「しんご」とは

現在「ケンケン」といえば、全国共通語になっているので、誰もが知る言葉でしょう。

あえてだごうしゃくを加えれば、「連続して行う片足跳び」のことになります。

甘楽では、このケンケンのことを、住む場所によって「せんぎょ」や「しょんぎ」、あるいは「しんご」と呼んでいました。

同じ地域内でも、別々の表現が使われていたため、初めて「しょんぎやんべぇ」や「しんごやんべぇ」と聞いた時には、「なんなん？　そらぁ」と呆気《あっけ》に取られてしまいました。

県内でも、東毛地域の太田市や桐生市などでは、「こんぎ」と呼んでいたようです。

子供の頃、多くの方がケンケンをして遊んだ思い出があることでしょう。

私の故郷では、「あすこまでせんぎょでとびっくらすんべぇ！」といえば、「あそこまでケンケンで競走しよう！」という意味になります。

また、私には、「ケンパ」や「ケンケンパ」という石蹴り遊びをしたり、相手陣地の宝を奪い合う「エスケン」というケンケン遊びをした思い出もあります。

全国でどのくらい行われていたかは分かりませんが、どれもまっさか（とても）懐かしい遊びとして、鮮明によみがえってきます。

【四十番】「ゆっつける」の二つの使い方

私には、「ゆっつける」という表現にまつわる、ほろ苦い思い出があります。

この表現は、広く関東各地で使用されていた言葉なので、きっと懐かしさを覚えた方もいることでしょう。初耳の方にとっては、やや判断が下せない表現かも知れません。

しかし、甘楽周辺で使用される「ゆっつける」には、二刀流の使用法があるのです。

その一つは、「結いつける」（結びつける・縛りつける）という場合に用いられる表現であり、予測できたほとんどの方は、恐らくこの用法ではないでしょうか。

物を結んだり縛り付けたりする時に使用される言葉であり、私は親の手伝いで木や枝などをゆっつけた思い出があります。

また、周辺の大人に、

「しゃいなしばっかし（ふざけたことばかり）してりゃぁ、樹《き》にゆっつけちゃうぞ！」と言われたことも何度かあります。

とは言うものの、樹にゆっつけられている子供を見たことはありますが、実際に自分がゆっつけられた経験は一度もありません。

もう一つの使用法が、甘楽弁独特の「ゆっつける」（告げ口をする）になります。語感から分かっていただけると思いますが、県内でも珍しい用法になっているようです。

実は、相手方の一方的な誤解から親にゆっつけられて（告げ口をされて）、こっぴどく叱られたという親げねぇ（かわいそうな）悲話があるのです。最初に述べた「ほろ苦い思い出」とは、このことです。

【四十一番】「ちんとろちげぇ」ってなんなん？

甘楽人の私には、子供の頃、「あっ、ちんとろちげぇだ！」という表現をめた（何度も）使用した覚えがあります。

最近、地域内の各地で、この言葉を知っているかどうかを聞いたところ、すでに死語になってしまったのか、知らない人が圧倒的に多いことが分かりました。

そんな中で、この言葉を覚えている方は、甘楽町周辺で高齢者に多いことも分かってきました。一度聞いたら、決して忘れられない方言のはずですが、意味は「血みどろ」（血だらけ・血まみれ）ということになります。

過去の地域情報紙で探してみると、まさに甘楽町で使用していたことが確認できました。

さらに語源を調べていくと、江戸時代の中頃、近松門左衛門が書いた浄瑠璃作品の中に、「血みどろの状態」を「血みどろちんがい」と表現していたことが記されています。

恐らく、当時使用していたこの表現が原語であり、数百年の刻《とき》を経て、甘楽では「ちんとろちげぇ」という訛り言葉になったと考えられます。

小心者だった私は、少しでも血が流れている状態を目の当たりにすると、まっさかたまげて（もの凄く驚いて）、大げさにも「あっ、ちんとろちげぇだ！」と絶叫したのです。

本来は、「血で真っ赤に染まった状態」を指すようです。

【四十二番】「気」にかかる表現

「ええからかんべぇゆんじゃねぇ！」（いい加減なことを言うな！）という批判もありそうですが、私が考える「気」とは、「人間が生きていくために必要な精神的な作用である」と捉えています。

「気」を使用した言葉には、「気力」をはじめ、「正気」「勇気」「元気」「根気」「気配り」

「気遣い」など、挙げたら切りがありません。何百何千という連語がありそうです。

前著では、「きゅうすなるんじゃねぇ！」（調子に乗るな・ふざけてる場合ではない！）という表現を取り上げましたが、私が子供の頃、父親からこんな言葉を使って怒られたことは、すでにご案内のとおりです。

その際に、「きゅうすなる」の語源は、「ぼっとかすると、気（正気）を失うかも知れません」というような総括をしたわけですが、実は「ぼっと」（偶然）どころか、かなり「気（正気）を失う」という可能性が高いのにもかかわらず、曖昧表現のまま放置してしまったことが、寝ても覚めてもずっと気にかかっていました。

子供の頃を思い起こせば、当時「正気かい？」（気は確かか？）というような言葉もよく耳にしました。

私に限らず、しゃないし（いたずらや悪ふざけ）をしている者がいれば、それを見ていた年長者から、「きゅうすなるんじゃねぇ」の代わりに「正気かい？」という言葉を使って、注意されることもあったのです。

今となっては、明確な見解を示さなかったことが、昔、父親から叱られたように「きゅうすなっていたのかな？」と、反省しきりです。

回りくどい言い方になってしまいましたが、現在「きゅうすなる」の語源は、間違いなく、「気＝正気を失う」に由来すると確信しています。

【四十三番】「かってくう」や「腹くちい」という表現

甘楽人の私は、今でも母親譲りの「かってくう」という表現を常用しています。

今では、地域内でも使用する人物がごく少数となり、初耳の方が多いことでしょう。

この言葉を調べてみると、かつては東日本のわりかた（比較的）広い範囲で使用されていた古語であり、今でも新潟や長野、山梨県などで愛用する人々も少なくないようです。

初耳の皆さんは、「かってくう」という表現を聞いて、恐らく「店で買って喰う」や「勝負に勝って喰う」と連想された方が多いのではないでしょうか。

実例を挙げれば、「御飯は漬物をかって喰う」（御飯は漬物をおかずにして食べる）というように使用します。「かう」の語源は不明ですが、「おかずにする」という意味です。

私はこの言葉を聞くと、よく母親から、「うんまい（おいしい）から、海苔《のり》や白菜漬けをかって喰いな」と言われたことを思い起こします。

当時は、「載せて食べる」や「巻いて食べる」という認識でしたが、昔を振り返ってみると、新たに「腹くちい」（満腹・腹一杯できつい）というような表現も盛んに使用していたことがよみがえってきます。

関西地方の友人は、私が使う「腹くちい」を一笑するだけで、もっぱら「腹ポンポン」

や「腹パンパン」という表現を当たり前のように使用していたのです。

【四十四番】「〇〇かぁ」という表現

私も、そろそろ認知症の入り口に差しかかっているのでしょうか。

先日、こたつから出て、「そろそろ俺もこたつにへぇるかぁ?」（こたつに入ろうかな?）と、うっかり失言してしまいました。

妻は、「何それ?」と敏感に反応し、「大丈夫かぁ?」（大丈夫かな?）と心配されてしまいました。頭の中では、「そろそろ風呂にでも入ろうかな?」と考えていたものの、それがなぜか、「こたつ」に化けてしまったのです。

「〇〇かぁ」という表現は、一般的に相手の気持ちを確かめる時に使用する表現ですが、自分に対する自問言葉（独り言）として使用することもあるのです。

妻から、「独り言を言い出すようになると、危ないんだってさぁ!」と、嘘めいた警告まで受けてしまいました。

そいやぁ（そういえば）、最近は鼻歌交じりで、「今日は、やけに調子いいねぇ!」と言われることもあります。「そうかぁ、はぁちけんかぁ?」（そうなのか、そろそろ近いのかな?）と、齢を感じる今日この頃です。

ついこんな弱気なことを述べましたが、実をいえば、甘楽ネイティヴは、「行ぐかぁ?」「買うかぁ?」「飲むかぁ?」「見るかぁ?」「けぇるかぁ?」など、毎日「かぁ」表現をのべつ幕なしに使用しています。

てんで(まるで)カラスの鳴き声のように聞こえるかも知れませんが、実際にあなたが甘楽人の生の声に触《ふ》れれば、きっと懐かしさや親しみを覚えることでしょう。

【四十五番】「おっかく」や「くっかく」「うっかく」などの表現

甘楽をはじめ上州の各地域では、堅い物を割ったり折ったり欠いたりする時に、「おっかく」という表現が使用されます。「折って欠く」が語源のようです。

この言葉は一つの表現でありながらも、「割る」「折る」「欠く」など、三つの意味を兼ね備えています。一語三変化《へんげ》や三刀流ともいえそうです。

「煎餅《せんべい》をおっかいて食べた」(煎餅を割って食べた)や「骨をおっかいた」(骨を折った)、「茶碗《ちゃわん》をおっかいた」(茶碗を欠いた)というように使用するのです。

殊に甘楽では、「折る」という時に「おっくじく」という表現も併用されています。

同時に、歯を使っておっかく(割る)という時には、「くっかく」とも使用します。

私は、こんな言葉を聞くと、子供の頃の忌まわしい記憶がよみがえってきます。

堅焼きの瓦《かわら》煎餅をくっかいた（歯でかじって割った）ところ、歯をおっかいて（割って）しまったのです。それ以来トラウマとなり、今では、堅い食べ物を食べる際には十分に注意を払うようにしています。

また、甘楽では、「おっかけた」（割れた）という表現もよく使用されています。

表現だけをみれば、「あとを追いかけた」という表現にもとれますが、ここで取り上げたいことは、「割れちゃった」という意味で使用する「おっかけた」という表現です。

先の例のように、堅い煎餅を食べて歯が欠けてしまった時や茶碗などが割れてしまった時にも、「おっかけた」という表現を使用するのです。

しかし、自分に非があって割ってしまったのに、「おっかけた」という表現を使用する人物が、なんと多いことでしょう。

この場合、本来は「おっかけた」（割れた）ではなく、「おっかいた」（割った）が正しいのではないでしょうか。私も含め、その使用法には十分に留意したいものです。

さらに、甘楽弁には、「うっかく」という表現もあります。

意味は、言い方が異なるだけで、「おっかく」とまぁずおんなし（ほとんど同じ）です。「割れちゃった」という時には、「うっかけた」を使用し、「割っちゃった」という時には、「うっかいた」と使用するのが正しい言い方です。

他にも、たまに「ぶっかく」という表現を聞くことがあります。甘楽では、「おっかく」

や「うっかく」の強調表現として使用します。

【四十六番】甘楽では「ちゃん」付けが当たり前

甘楽では、旧知の仲であれば、大人同士でも名前に親しみの意味を込めて、「ちゃん」付けで呼ぶのが習わしになっています。

私も、おじさんやおばさん、兄姉やいとこなどから「ちゃん」付けで呼ばれています。そんな環境下で生活しているため、妻や甥《おい》っ子、姪《めい》っ子などからも「ちゃん」付けで呼ばれる毎日です。

では、「さん」付けをまるっきしゃ（まったく）使用しないかといえば、そんなことはありません。明らかに自分より年長者であれば、敬意を払って「○○さん」と呼ぶのです。しかし、初めて出会った方ともなれば、名前も分からず、てんずけ（突然）「おめぇ」呼ばわりはできません。

今では、「あなた」や「ご主人」「奥さん」などが当たり前になっていますが、私の若い頃には、尊称の意味を込めて「おめぇさん」や「あんたさん」というように、「さん」付けで呼んでいたのです。

もっと古くは、あなたに当たる「貴公《きこう》」や「おにし」「おにしゃ」「おぬし」という表現が常用されていたようです。

【四十七番】「はえん」と「おせん」

東日本や上州訛りともいえる甘楽弁では、「はやい」（早い・速い）という形容詞を「はえぇ」と表現します。

しかし、「はやいの？」と聞く場合には、「はえぇん？」ではなく、「はえん？」となります。甘楽弁では、発音しやすいように拗音の「ぇ」が省略されるのです。

また、対義語の「おそい」という形容詞は、「おせぇ」と使用しています。

同様に、疑問形にする場合は拗音が省略され、「おせん？」というように表現します。

「おせん」という言葉だけに注目すれば、首を傾げてしまう方もいることでしょう。

私には、自家用車で親友と遠出した際の、あんまし（あまり）笑えない話があります。

高速道路上に超低速車両があり、冷やっとして急ブレーキを踏んだ時のことです。

「あっ危ねぇ。なんでめぇの車はこんなにおせん？」と声を発したところ、その表現がまっさかおかしく（とても面白く）聞こえたようで、親友から、

「おせんちゃん（時代劇によく登場する女性名称）が運転してるんで、おせんじゃねんかい！」と茶化されてしまったのです。

いつもは失笑されることが多い私ですが、寒いおじさん冗句《じょうく》に、冷や汗は引っ込み、つい苦笑してしまいました。

他にも、「遠いのか?」という場合には「とえん?」、「暑いの?」という場合には「あっちん?」というように使用します。

甘楽弁を使っていると、甘楽人もびっくり、笑ってしまうような表現がなっからとくせぇ（とてもたくさん）あります。いまの私は、まぁんちがてんでおかしんだい（毎日がとても面白いのです）というような心境です。

【四十八番】「むし」のいろいろ

全国の各地方や地域によって異なるのが、「虫」の呼び名ではないでしょうか。

明治四十四年（一九一一年）に文部省唱歌として発表された「かたつむり」は、「でんでんむし」という表現も使用されているので、現在は、全国各地で「かたつむり」や「でんでんむし」という呼び名が共通語になっています。

このように全国各地に広まっていった言葉がある一方で、地域には地域だけで通用する呼び名も多く残っているようです。

甘楽では、「かたつむり」を「つぶり」や「マイマイ」のほか、「でえらんごんげ」や「つねんでろ」と呼んでいた地区もあります。

また、甘楽には、俗に「わくさ」と呼ばれる虫がいます。西上州（西毛地域）では、どこでも「わくさ」で通用しますが、県内には通じない地域もあります。

どうしてこのような俗称が生まれたかは、文字から判断してください。広くは「カメムシ」と呼ばれているようです。

他にも、甘楽の里では、蝉《せみ》の幼虫を「やっとこせ」と呼んだり、カブトムシやクワガタなどを総称して「鬼むし」と呼んだり、蟻《あり》を「ありんどう」と呼んだりしています。

皆さんの地域にも、珍しい呼び名の虫がとくせぇ（たくさん）いることでしょう。

昔は、人間と昆虫などの生き物はもっと密接な関係があり、子供たちは自分で捕まえたお気に入りの昆虫を、ペットとして飼っていたのです。

なお、虫とまったく関係はありませんが、甘楽町秋畑那須《あきはたなす》地区では、峠を通じて埼玉県秩父地域との交流があったため、秩父弁の「むし」という表現が使用されていました。

実例を挙げれば、「今日はさみぃむし」（今日は寒いですね）や「そうだむし」（そうですね）というように使用していたのです。今ではほとんど死語になっていますが、昭和四十年代までは、よく耳にした表現です。

【四十九番】「おてのこぼ」という所作

現在「おてのこぼ」という言葉は、最も死語に近い表現なのかも知れません。

この表現が盛んに使用されたのは、私の親世代までであって、昭和五十年代までという記憶があります。

年配者は日常茶飯事として覚えていますが、その後は日常生活の中でそんな習慣もすたれ、現在、この言葉を知っている若者はほとんどいません。

私は、この所作（ふるまい）を体験済みなので覚えていますが、自らこの表現を使用したことはありません。

さて、「おてのこぼ」とは何でしょうか？

それは、手の平を軽く曲げた時にできる窪《くぼ》みを指す言葉であり、上州全域では「お手のくぼ」という表現が広く使われていたようです。甘楽では、それが独自に変化し、「お手のこぼ」という表現で使用されていました。

今では、身の回りで滅多に聞くことはありませんが、僅かながら場面によって使用する甘楽人はいるようです。

〝屋敷祭り〟（一年間家屋敷を守ってくれた屋敷神に感謝する伝統行事）などの風習が残っている旧家では、赤飯などを箸でつまんで、皿代わりの「おてのこぼ」に載せてもら

い、食べるのです。

　私が教員になった頃は、家庭訪問に出かけると、

「おこわ蒸《ふ》かしたんで、皿がねぇわけじゃねぇけど、お手のこぼにのっけるんで（載せるので）喰ってくんない！」と言われ、親近感を深めるための「おてのこぼ」と思い、ご馳走《ちそう》になった思い出があります。

「美味しい！」と発すれば、さらによそって（盛って）くれるのです。

　また、「辛《から》いけど、漬物も食べない！」と言われ、お手のこぼに載せていただいたこともあります。

　ついでながら、皆さんは、「辛い漬物」ってどんな味か分かりますか？

　かつて甘楽では、「しょっぱい」を「辛い」と表現していたのです。

基本的に「おてのこぼ」は、相手が箸でつまんで客人の手の平に載せてくれるわけですが、その後は前もって客用の箸と皿が用意されるようになり、「挟みない！」（箸でつまんで食べてください！）という表現が用いられ、この所作や言葉もすたれていきました。

最近、近所のお年寄りに話を聞いてみると、

「まぁず（ずいぶん）懐かしいねぇ。今はそんなこたぁしねぇけど、昔しゃぁよく使ったもんだい！」という言葉が返ってきました。

数十年前までは、甘楽でもこんな風俗習慣があったのです。

【五十番】「ゆるり」とは

全国各地で、古くから使用されてきた言葉であり、皆さんの中には、「ゆるり」という表現を身近に感じている方もいることでしょう。

初耳の方や若衆（若者）にとっては、「何それ？」と考え込んでしまう表現かも知れません。甘楽弁には、このような古い言葉がなっから（たくさん）残っているのです。

「ゆるり」とは、「囲炉裏《いろり》」のことであり、近年は北欧風の暖炉を取り入れた家も見られますが、囲炉裏がある家は珍しいので、知らない人が多いのも当然のことです。

しかし、今でも「ごゆるりとお過ごしください」という表現を聞くことがあります。

甘楽では、「囲炉裏にあたって、ゆっくりくつろいでください！」という意味であり、客人を持てなす時に使用する表現です。

まったくの余談になりますが、英語でいえば、「アットホーム」という表現がピッタリ当てはまるようです。

囲炉裏が見られない現在でも、こんな表現を知っている飲み会（宴会）の幹事から、「あとはごゆるりとお過ごしください！」という持てなしの声が聞こえてきそうです。

【五十一番】「うらぁうらっちょ」という特異な方言

初めてこんな表現に遭遇すると、まるで別世界に引き込まれた感覚を覚える方もいることでしょう。誰もが「いったい何ちゅう（という）表現だ！」と驚くばかりで、まるっきしゃ（まったく）想像もつかない言葉ではないでしょうか。

私も初めて聞いた時には、おんなし（同じ）甘楽でも、なんでこんな摩訶不思議《まかふしぎ》な言葉があるのか、まっさか魂消《たまげ》た（もの凄く驚いた）ものです。

私が若い頃、甘楽町秋畑那須地区を訪れた時の話になります。

地域のお年寄りが、「あの木のうらぁうらっちょを見てみない！」と言うので、指さす方向を眺めると、木のてっぺんにメジロが止まっていたのです。この時、初めて「木のてっぺん」を指す言葉だと知りました。

また、後日、別の方から「木の梢《こずえ》（枝先）を指す言葉だ」と聞いた覚えもあります。

最近になって、この方言について地域の中高年の方々に聞いてみたところ、知人の中には知っている方がいませんでした。たまたま甘楽町福島地区に住む方から、「釣り仲間の間で、『釣り竿の先端』を『うらっちょ』と呼んでいるよ」という情報が寄せられました。

このことから、甘楽弁の『うらぁうらっちょ』の「うらぁうら」は、中間に拗音が含まれるものの、「うら」を重ねることによって「梢（枝先）」を強調した表現か、もしくは複数形の意味で「枝々の先」を表しているのではないかと確信しました。「っちょ」は、「先っちょ」（先端）という言葉があるように、「端《はし》」を示す表現だと考えられます。

今となっては、ややもすると忘却の彼方《かなた》に追いやられてしまいそうな方言ですが、一部の人々の間で受け継がれ、どうにか死語にならずに済んでいるようです。

【五十二番】「おおかぁねぇ」という表現

甘楽弁で「多くはない」という時には、「多かぁねぇ」という表現を使用します。

この言葉の対義語は、「少なかぁねぇ」（少なくはない）になります。言葉の意味は、今の説明で分かっていただけたと思いますが、東日本では、同様に使用されることが多いのではないでしょうか。

もしもあなたが、甘楽人から何か物を提示されて、「多かんべぇ」や「多いだんべぇ」（多いでしょう）と聞かれた場合、どのように答えたらよいでしょう。

同意できる場合は、「そうだいねぇ」と答えれば、甘楽人のぶっこ抜き（そっくり）表現になります。

「多くはない」と感じた場合には、「多かぁねぇ」と答えれば一等（最適）です。ぼっとかして、甘楽人の中にも、「少なかぁねぇ」と答えるあまのじゃくがいるかも知れません。

また、「多かぁ」の原語となる「多か」という表現には、「多く」だけでなく、「あんまし」（あまり）という意味合いもありますので、注意が必要です。

例を挙げると、「多かぁたぁごとこくな！」といえば、「多く（あまり）ふざけたことをいうな！」ということであり、甘楽弁で「あんましたぁごとこくんじゃねぇ！」と話しても、同じ意味になります。

ただし、例に挙げた「たぁごとこくな！」というような文言を操《あやつ》る人物は、甘楽の中でも、もはや「それほど多かぁねぇ」と考えられます。

【五十三番】「うまかぁねぇ」や「うんまかぁねぇ」という表現

東日本では、わりかた（比較的）「うまかねぇ」や「うんまかねぇ」という表現を使用する地域があるようです。

もちろん、群馬県内や甘楽でも、古くからよく使用してきた言葉になります。どちらも、「うまくない」という意味で使用されます。甘楽弁では、拗音の「ぁ」が入って「うまかぁねぇ」や「うんまかぁねぇ」と表現する場合が多く、次の三つの使用法があります。

一つ目は、食べ物の味を表す言葉であり、「おいしくない」という時に使用されます。

しかし、九州地方では、「うまかぁ」や「うんまかぁ」は「おいしい」という意味であり、発音次第で「うまかぁねぇ」や「うんまかぁねぇ」は、「おいしいね」という意味にもとれるようです。

また、二つ目の使用法は、出来ばえの良し悪しを指す言葉であり、「出来が悪い」という意味で使用します。おてんたら（お世辞）にも、「上手ではない」という時に使用するのです。

三つ目は、甘楽弁独特な言い回しであり、物事がうまく運ばないという時に使用します。甘楽人が「そのまんま放っといたんじゃぁ、う（ん）まかぁねぇでぇ」と話した場合、「そのまま放っておいたら具合が悪いよ」という意味であり、問題解決には相当な困難がつきまとうことになります。

別の甘楽弁を操れば、「もちゃづけ（もちゃっけぇ）だいなぁ」（厄介だよな）という表現が、一等（一番）似合うようです。

このように、「う（ん）まかぁねぇ」という表現は、使用する場面によって意味合いが異なるため、まっさかもちゃっけぇ（実に厄介）な言葉といえそうです。

【五十四番】「くやぁいい」と「くやぁしねぇ」という表現

甘楽弁には、なぜこのように訛ったのか、なっから（とても）不思議な表現がなっから（たくさん）あります。

その一つが、「喰えばいい」という時に「喰やぁいい」と表現し、「喰いはしない」という時には「喰やぁしねぇ」と使用する、「やぁ」表現です。

なぜ「喰えば」や「喰いは」が「喰やぁ」に転訛するのか、浅学の私には十分に説明することができません。

他にも、「買やぁいい」（買えばいい）、「買やぁしねぇ」（買いはしない）、「ゆやぁいい」（言えばいい）、「ゆやぁしねぇ」（言いはしない）などがあります。

そういえば、甘楽では、祭りの掛け声のような響きがある「そいやぁさぁ」（そういえばね）という表現もよく使用されています。

取り上げた表現は、すべてが「や」音に転訛しているのです。ぼっとかすると、「や」に変化するもとの音が「や行」の音なのか、もしくは、単に強調の意味を込めた「やぁ」を使用しているのかも知れません。残念ながら私には、どちらとも判断できないのです。

ただ、甘楽人は、そんなだごうしゃくを考えず、経験則からこんな表現を使用してきたようです。ネイティヴにとっては、最も使いやすい表現だったと考えられます。

なお、若衆（若者）の面子《メンツ》のために話しますが、甘楽の青年が、このような表現を使用することはほとんどありません。ぼっとかして（万が一）使ったとすれば、家族の誰かが使っていたのを、知らずのうちに覚えてしまったのでしょう。

現在、得意になって使用するのは、私のような昔の若衆に限られています。

【五十五番】「おしゃぁしねぇ」とは

甘楽では、ふだん当たり前のように使用する常套句の一つに、「おしゃぁしねぇ」という表現があります。

東日本訛りに慣れた方や本書に目を通した方なら、すんなりと受け入れてもらえそうですが、一瞬「何だろう？」と悩んでしまった方には、さらなる探求が必要となります。もっと分かりやすい言葉に置き換えれば、「押しはしない」（押さない）ということになります。

甘楽弁の「おしゃぁ」と「しねぇ」という訛りが重なっているため、表現をより難しくしているのかも知れません。

端的に「押さない」といえば、誰もが分かるはずですが、甘楽人がわざわざこんな表現を使って話すのは、この言葉の中に先人から受け継いできた〝魂〟が込められているからなのです。

甘楽谷津では、このような表現が日常茶飯事のように飛び交っています。そんな表現をまっと（もっと）聞いてみたい方は、ぜひ西上州の甘楽弁のふるさとにお越しください。

【五十六番】「いぐとかぁねぇ」とは

とっくのもっく（ずっと前）から「かぁ」表現をいくつも取り上げているので、皆さんも、そろそろ慣れてきたことでしょう。

あなたは、「いぐとかぁねぇ」という表現を聞いて、すぐに何のことか分かりますか？

恐らく、甘楽の年長者であれば、「今も使ってらぁや！」や「昔しゃぁよく使ったもんだい！」という文言が返ってきそうです。

甘楽人は、普通に「行く所はない」という意味で使用しますが、一瞬「何のことか？」と迷ってしまいそうな表現です。

甘楽弁では、「行く所」を「行ぐとこ」と表現し、「とこは」を「とかぁ」という縮約音で話すために、こんな言い方が生まれるのです。

例えば、「どっか行ぎてぇとかぁねん？」（どこか行きたい所はないの？）と聞かれた場合、どのように返答したらよいでしょう。

「ある」という場合は、甘楽弁で「あらぁ」または「あらい」（あるよ）と使用します。

「ない」という場合には、「行ぐとかぁねぇ！」と話すのです。

なお、やや難易度が高い甘楽弁に、「もってっとかぁ！」というような表現もあります。

「持っていっておくよ！」という意味になります。

これらの表現は、ぜひ甘楽人に会って、実践会話により確かめてほしいと思います。

【五十七番】「お金のだしっこ」とは

通常の「〇〇っこ」については、すでに【十二番】の項目で紹介しましたが、「出しっこ」ともなると、複数の人間が何かを出し合うことになります。

「知恵の出しっこ」であれば、みんなで知恵を出し合い、物を出す必要はありませんが、「お金の出しっこ」という場合には、若干意味が異なってきます。

基本は、平等に出すとは限らないものの、誰もがお金を出し合うことになります。

今では、割り勘（割前勘定）という考えも定着していますが、実際には一人の者が多めに支払ったり、全額を支払ったりして奢《おご》るという場合もあります。

昭和三十年代の甘楽では、子供同士がなけなしの小遣いを出し合って、みんなで欲しい物を買ったことがあるのです。

私の体験談になりますが、小学生の頃、六十円の『少年マガジン』（漫画本）を購入するために、各自が出資して、一冊の本を買って読んだ思い出があります。

「おらぁ二十円出すけど、みんなはいくら出す？」と聞くと、「じゃぁ俺も二十円！」「おらぁ十円！」「俺も十円！」というように、出資金を決めて購入したのです。

なお、子供のルールで、出資金の多少が本を読む順番になっていました。
皆さんも、友達とお金の出しっこをして、何かを買ったという経験はありませんか？

【五十八番】「かやい」と「かえぇ」と「かえん」

私の身の回りでは、「背中がかやいんで掻《か》いてくれる？」というような表現が使用されています。「背中がかゆいので掻いてほしい」ということであり、幼児語と同様で、独自に訛って使用されている言葉です。

このように甘楽弁では、「かゆい」を「かやい」と表現していたのです。

背中には手が回らないので、子供の頃、誰か他の人がいなければ、家の柱を利用して掻いたという経験の持ち主もとくせぇ（大勢）いることでしょう。

なぜ「かゆい」が「かやい」という表現で使用されるようになったかといえば、甘楽弁特有の「や行」の訛りで、「周りの人が使っていたから」という理由があるのです。

また、甘楽弁では、「かゆい」が訛って「かえぇ」や「かえん」とも使用します。甘楽人が「かやい」「かえぇ」「かえん」のどれを使うかは、個人のお好み次第です。

【五十九番】「やせんぼう」と「ふとっちょ」

私の子供時代には、まだ「やせんぼう」という言葉が残っていました。

元来の意味は、第二次世界大戦が終わる昭和二十年（一九四五年）前後の日本は、とても食糧難で「痩せている子供」が多かったため、このような表現が生まれたようです。

しかし、私には、『痩せていても、明るく元気に野山を駆けずり回る子供』のイメージが目に浮かんできます。

私は、大戦が終わった十年後の生まれですので、食糧難でひもじい思いをした経験はありませんが、食欲よりも外で元気に遊ぶ方が楽しかったのです。

どちらかというと、「やせん坊」の方でしたが、周りの子供たちも同じような状態だったと思います。

近所に東京の子供が遊びにくると、私たちとは体型が異なり太めだったので、「ふとっちょ」と呼んだこともあります。現在は私の体重もキャリアハイになっているので、体型のことでとやかくは言えませんが、「でぶっちょ」という言葉も使ったと思います。

喧嘩《けんか》をした時には、売り言葉に買い言葉で、逆に「やせぎっつ」（痩せたキリギリス）といわれたのを覚えています。

今となっては、こんなたわいもない言葉の応酬が懐かしく思い出されます。

【六十番】知る人ぞ知る「まぁせんぼう」

全国で「ませんぼう」という言葉を知る人が、どれほどいるでしょうか。漢字を当てれば、「馬柵棒」となります。「丸太ん棒」や「馬防柵《ばぼうさく》」という言葉を聞いたことがあっても、牛や馬に関わった人物でなければ、知らないのも当然です。

歴史上、長篠の戦いで、織田・徳川連合軍が馬防柵を築いて、武田軍の騎馬隊を防いだことは有名です。この時、甘楽の領主小幡氏も、武田軍の赤備《あかぞなえ》隊として活躍しています。『信長公記』という書物には、織田信長公も、小幡信真《のぶざね》隊を敵ながらも『馬上巧者《ばじょうこうしゃ》』（騎馬の達人）と讃《たた》えたことが記されています。

さて、馬柵棒という言葉ですが、かつては全国津々浦々で使用された言葉であり、牛馬とともに生活した旧家であれば、身近な言葉だったようです。

甘楽では、馬柵棒のことを「まぁせんぼう」と呼んでいました。牛馬が家畜小屋から逃げ出さないように、入り口に嵌《は》め込んだ横棒を指す言葉です。

なぜ、このような言葉を覚えているかといえば、第二次世界大戦終了後（昭和二十年）、父親が畜産会社（黒毛和牛の卸問屋）を起業したことによります。

私の最も古い記憶（四、五歳の頃）になりますが、番頭と呼ばれる人物から、「てんごぅばっかししてりゃぁ、まぁせんぼうの中につっぺし込んじゃうぞぉ！」（ふざけ

たことばかりしていれば、牛小屋に押し込めてしまうぞ！）と言われたので、よく覚えているのです。
　今でも私は、馬や牛小屋を見る機会があれば、いつも「まぁせんぼう」の取付装置がどんな仕掛けになっているのか、確認しています。からくり箱のような、ちょっとしたトリックが面白いのです。

四　おもしろ甘楽弁活用術

前著で取り上げた甘楽弁の活用変化が好評でしたので、今回も一般動詞の活用形を取り上げてみたいと思います。

一つの動詞でも、甘楽弁にはさまざまな活用表現があります。実際には、場所によってもっと別の活用術があるかも知れませんが、ここでは、代表的な表現を掲載します。

基本形	未然形	連用形	終止形	連体形	仮定形	命令形
くんのむ （飲み込む）	くんのまねぇ くんのんべぇ くんのまぁ	くんのまぁ くんのみゃぁ	くんのむ	くんのむとき	くんのむんだら	くんのめ くんのみない
もってぐ （持って行く）	もってがねぇ もってぐんべぇ もってがぁ	もってがぁ もってぎゃぁ	もってぐ	もってぐとき	もってぐんだら	もってげ もってぎない
ひる （放る）	ひらねぇ ひるんべぇ ひらぁ	ひらぁ ひりゃぁ	ひる	ひるとき	ひるんだら	ひりな ひりない
うっかく （割る）	うっかかねぇ うっかくべぇ うっかかぁ	うっかかぁ うっかきゃぁ	うっかく	うっかくとき	うっかくんだら	うっかけ うっかきない

基本形	未然形	連用形	終止形	連体形	仮定形	命令形
ぶちゃぁる（捨てる）	ぶちゃんねぇ ぶちゃぁるべぇ ぶちゃぁらぁ	ぶちゃぁらぁ ぶちゃぁりゃぁ	ぶちゃぁる	ぶちゃぁるとき	ぶちゃぁるんだら	ぶちゃぁれ ぶちゃぁりない
けぇる（帰る）	けんねぇ けぇるんべぇ けぇらぁ	けぇらぁ けぇりゃぁ	けぇる	けぇるとき	けぇるんだら	けぇれ けぇりない
こしゃう（こしらえる）	こしゃぁねぇ こしゃうべぇ こしゃわぁ	こしゃわぁ こしゃやぁ	こしゃう	こしゃうとき	こしゃうんだら	こしゃいな こしゃいない
おせぇる（教える）	おせぇねぇ おせぇべぇ おせぇらぁ	おせぇらぁ おせぇりゃぁ	おせぇる	おせぇるとき	おせぇるんだら	おせぇな おせぇない
めっける（見つける）	めっけねぇ めっけるべぇ めっけらぁ	めっけらぁ めっけりゃぁ	めっける	めっけるとき	めっけるんだら	めっけな めっけない
ぐらかす（ごまかす）	ぐらかさねぇ ぐらかすべぇ ぐらかさぁ	ぐらかさぁ ぐらかしゃぁ	ぐらかす	ぐらかすとき	ぐらかすんだら	ぐらかしな ぐらかしない
ぼっこぅす（打ち壊す）	ぼっこわさねぇ ぼっこぅすべぇ ぼっこわさぁ	ぼっこわさぁ ぼっこわしゃぁ	ぼっこぅす	ぼっこぅすとき	ぼっこぅすんだら	ぼっこぅせ ぼっこぅしない

※甘楽弁には微妙な言い回しがあって、すべてを網羅しているわけではありません。

五　甘楽弁百選

数ある甘楽弁の中から、個性的な表現を選んでみました。

前半の五十番までは、前著で紹介した甘楽弁五十選です。今回は、さらに五十一番以降の五十個の表現を追加しました。

新たに追加した甘楽弁の中にも、特徴的な表現がとくせぇ（たくさん）あります。個々の表現を吟味する中で、個性的な表現を探してみてください。

【一番～五十番】

番	甘楽弁	主な意味	番	甘楽弁	主な意味
一	めた	何度も	二	ぼっとかして	偶然に
三	みちょう	みたい	四	わっきゃねぇ	簡単だ・容易だ
五	ねんじゃねん	ないよね	六	ずでぇ	ずいぶん・とても
七	げぇに	強く	八	ええかんべぇ	いい加減な人
九	はぁけぇるんきゃ	もう帰るんかい	一〇	なす	借りた物を返す

一	なっから・なから	だいぶ・沢山	二	くんない	ください
三	ねんさぁ	ないんだよ	四	だんべや	だろうな
五	行ってくらぁ	出かけてくるよ	六	ちっとっつ	少しずつ
七	ちっとんべぇ	少しばかり	八	ひぃとりでぇに	自然と
九	てんごぅ	いたずら	一〇	ひっちゃぶく	やぶく
一一	せっこう	まめに働くこと	一二	せっちょう	世話・面倒
一三	行って来るぐれぇ	相当な開きがある	一四	ぶちゃぁる	投げ捨てる
一五	おやげねぇ	かわいそう	一六	よっぴてぇ	夜通し・一晩中
一七	こしゃう	作る	一八	おてんたら	おべっか・お世辞
一九	しゃいなし	悪ふざけ	二〇	しゃじける	ふざける
二一	あてこともねぇ	とんでもない	二二	おっつけひっつけ	そのうち・続いて
二三	くっかく	歯を使って割る	二四	まるっきしゃ	まったく・全然
二五	ちんとろちげぇ	血だらけ・血だるま	二六	たぁごと	たわごと
二七	ぐらかす	ごまかす	二八	やっとこさっとこ	やっとのことで
二九	おおまくれぇ	大食い	四〇	むてっこじ	無茶・無鉄砲

四一	てんずけ	いきなり	四二	ひっつむ	つねる
四三	むぐす・もぐす	くすぐる	四四	てんで	とても・まったく
四五	さ（っ）きんな	さきほど	四六	おしゃぁるく	歩き回る
四七	そらっこと	ほら話・作り話	四八	おひゃらかし	ひやかし
四九	おっぴしょげる	つぶれる	五〇	しゃやねぇ	つまらない

【五十一番～一〇〇番】

番	甘楽弁	主な意味	番	甘楽弁	主な意味
五一	まっさか	もの凄く・とても	五二	そうだいねぇ	そうだよね
五三	いきあう	偶然に出会う	五四	おっつくべ	正座・端座
五五	ぶちゃぁる	捨てる	五六	さんざ	沢山・じゅうぶん
五七	わりんねぇ	ごめんね・ありがとう	五八	しゃぁねぇ	仕方ない・つまらない
五九	すろ	しなさい	六〇	だんだんつ	少しずつ・徐々に
六一	いんじゃねん	いいよ	六二	わけぇし	若者

六三	いっとう	一番・最高
六五	いぎしな	行くついでに
六七	ちんべぇ・ちんばい	少しばかり
六九	かたぁいい	格好いい
七一	おこんじょ	意地悪
七三	はぁて	風花
七五	ちっか・ちっかん	ジャンケン
七七	てぇげぇ	大概・いい加減
七九	とくせぇ	沢山・いっぱい
八一	ついとう	ついに・とうとう
八三	わくさ	カメムシ
八五	ようっぱか	夜なべ仕事
八七	きりゃぁねぇ	際限（切り）がない
八九	しっこねぇ	するわけがない
九一	うんとちっと	ほんの少し・少量
六四	あるってぐ	歩いて行く
六六	よってぎない	寄っていきなさい
六八	いましがた	ほんの少し前
七〇	かわばる	乾く
七二	かやい	かゆい
七四	こ	薬味・具・おかず
七六	おこじ（ゆ）はん	おやつ・間食
七八	いっける	上に載せる
八〇	おんかはだけて	人前で・公然と
八二	さむけぼつ	鳥肌
八四	おっかかる	寄りかかる
八六	うでっこぎ	力いっぱい
八八	まぁず	まったく・ずいぶん
九〇	とびっこ	かけっこ・徒競走
九二	はりえぇがいい	張り合いがある

九三	とっくのもっく	ずっと前・すでに	九四	どどめ	桑の実
九五	まぜる	仲間に入れる	九六	やせんぼう	痩せ細っている子
九七	ひる	体外に排泄する	九八	はっくらす	殴る
九九	うらぁうらっちょ	枝の先端・梢	一〇〇	ぼっこうす	打ち壊す

◎あなたのお気に入りや、生音声で聴いてみたい甘楽弁はどれでしょう？　いくつか選んでみてください。

六　甘楽弁を支えた甘楽人の郷土食

【一】おこじはん二十選

甘楽では、「おこじゅはん」とも呼んでいますが、八つ刻に食べる午後の間食は、子供も大人もてんで（とても）楽しみにしていました。

昭和四十年代になると、甘楽でも間食としてスナック菓子類が席巻するようになるので、大正時代から昭和三十年代までに生まれた甘楽人を対象に、『思い出のおこじはん』を聞いてみました。

質素な食べ物から手の込んだ食べ物まで、さまざまです。当時の祖母や母親が、家族のために愛情を込めてこしゃった（作った）おこじはんもさんざ（たくさん）あります。

（一）　田舎まんじゅう（あんこを生地で包んだ蒸かし炭酸まんじゅう）
（二）　じりやき（小麦粉を水で溶き、粒味噌《つぶみそ》やキャベツなどを入れて油で焼いた物）
（三）　切り干し（甘楽では、サツマイモの切り干しを指す）
（四）　干し柿（渋柿の皮をむいて軒に吊《つ》るして作った干した柿）

（五）　灰やきもち（焙烙鍋《ほうろくなべ》で焼いたやきもちを灰にくべて保温し、灰を払って食べた）
（六）　やきもちのおよごし（やきもちを三角切りにし、ごま、味噌、砂糖で和《あ》えた物）
（七）　もろこし（トウモロコシをゆでて食べる）
（八）　サツマイモ（サツマイモをゆでて食べる）
（九）　黒糖蒸しパン（薄力粉や黒砂糖、重曹、卵、牛乳などを加えて作った蒸しパン）
（十）　かりんと棒（棒状に作ったかりんとう）
（十一）　おでん（甘楽では、もっぱら「こんにゃくの味噌田楽」を指す）
（十二）　やきおにぎり（残ったごはんをおにぎりにし、醤油をつけて焼いた）
（十三）　だんご（上新粉や白玉粉で作った団子。みたらしだんごが一般的）
（十四）　ぼたもち（季節限定の食べ物。主食ではなく間食として食べた）
（十五）　おこわや赤飯（時期限定の食べ物。煮しめとともに食べた）
（十六）　かきもち（正月に供えられた鏡餅を細かく砕き、油で揚げて食べた）
（十七）　じゃがいも（ゆでたじゃがいもの皮をむき、塩や味噌などをつけて食べた）
（十八）　とっかん豆（乾燥トウモロコシを専門加工業者に持ち込んで作ってもらった）
（十九）　里芋（ゆでた里芋は皮がつるりとむける。味噌や砂糖醤油などをつけて食べた）
（二十）　漬物類（お茶受けとして、たくわん、なす、きゅうりなどの漬物が準備された）
※代表的なおこじはんを挙げてみましたが、別の思い出がある方もいることでしょう。

【二】甘楽食の思い出

甘楽弁を支えた甘楽人の郷土食には、おこじはん以外にも、さまざまな喰いもん（食べ物）があります。

ここで取り上げる内容は、私の心に残っているこだわりの家庭食やソウルフードなどです。珍しい食べ物ばかりではありませんが、あなたが好きな家庭料理や郷土食と比べてみてください。

（一）五目めし

子供の頃、食が細かった私ですが、母がこしゃう（作る）五目めし（五目ごはん）は絶品で、何度もお代わりをした思い出があります。

こ（具材）は、ちくわ、椎茸《しいたけ》、人参、ゴボウ、こんにゃく、油揚げなどであり、厳密にいえば、六目ごはんだったようです。

料理好きな母は、そんな私の好みを知っていて、誕生日や記念日には、決まって五目ごはんを用意してくれました。私もまっさか（とても）嬉《うれ》しかったのですが、子供を見る母の嬉しそうな顔が、今でも忘れられません。

母は、私が小学生の時に亡くなっているので、すでに半世紀以上も昔の話です。
現在わが家では、母親譲りの六目ごはんが復活し、引き継がれています。

(二) しょうぎうどん

うどんやそば店に入ると、メニューの中に必ず「ざるうどん」や「ざるそば」があります。

かつて甘楽の各家庭では、夕食に竹製のしょうぎ(馬蹄《ばてい》型のざる)に盛られたうどんが用意されていました。このことから、「しょうぎうどん」と呼ばれています。

新潟県のそば処《どころ》に行くと、「へぎそば」というものがあります。まさに同じ感覚です。甘楽でも、米や小麦を作らない山間地ではそばが栽培され、食べられていたようです。

わが家では、子供の頃、日本そばを食べた記憶は一度もありません。夕食は、もっぱら「温かいつけ汁うどん」か、「おっきりこみうどん」と決まっていたのです。

つけ汁うどんは、小分けしたゆでうどんの塊《かたまり》をしょうぎの上に載せ、それを箸でつっついて（取って）食べます。

甘楽では、小分けされたうどんの塊を「ぼっち」と呼び、「ひとぼっち」「ふたぼっち」「みぼっち」「しぼっち」…というように数えました。子供でも、みぼっちくらいは食べたと思います。

また、甘楽では、付け合わせのおかずや具、薬味を「こ」と呼び、天ぷら、きんぴら、ほうれんそう、ねぎ、漬物など、季節の食材が並びました。

つけ汁は醤油味で、油揚げ、椎茸、人参などのこ（具）が煮込まれていました。

家族でその日の出来事などを話しながら、食べた記憶があります。

（三）おっきりこみのたてっけぇし

上州や甘楽では、「おっきりこみうどん」を略して、「おっきりこみ」と呼んでいます。

どこの家庭でも、「おっきりこみのたてっけぇし」を好んで食べてきました。

田舎では、おっきりこみやカレーを作る際に、誰もが腹いっぱい食べられるよう、多めに作るのが当たり前になっています。

そのつど、竈《へっつい》に火を熾《おこ》し薪（ぼや）をくべて調理するため、再び足らずめ（不足分）を作るのは大変な労力であり、残った分は、翌日に温め直して食べればよいのです。

おっきりこみのこ（具材）は、大根、人参、ゴボウ、きのこ、ねぎ、里芋など、畑でとれる根菜類と油揚げを入れて煮込みます。入れるこも、季節や日によって異なり、いつも違うおっきりこみが食べられるのです。

汁の味にも、味噌仕立てと醤油仕立てがあり、わが家は、味噌仕立てが定番でした。うどんも家庭で製麺し、よく母親の手伝いをした思い出があります。

その手順は分かっているので、今でも年に数回、妻の要望に応えて自らおっきりこみをこしゃう（作る）こともあります。

皆さんの家庭でも、カレーやシチューをこしゃう（作る）際は、多めにこしゃうことがあると思います。その場合、余った分は、翌朝以降に温め直して食べるのではないでしょうか。それを、「たてっけぇし」と呼んでいます。

おっきりこみのたてっけぇしは、翌朝、油を加えて温め直すと、とろみが増してさらに美味《おい》しくなります。朝ごはんのおかずの一品として食べた思い出もあります。

ついでながら、わが地域では、お風呂の湯を沸かし直すときにも「たてっけぇし」と呼んでいます。

（四）ひもかわうどん

子供の頃、おっきりこみやしょうぎうどんのほか、桐生市発祥の「ひもかわうどん」が食卓に並ぶこともありました。麺は幅広で、「帯ひも」から名付けられたようです。日本国内で同じようなうどんを探せば、名古屋名物の「きしめん」が最も近いかも知れません。

しかし、昔の甘楽には、現在のようにつけ汁でひもかわうどんを食べる習慣はありませんでした。もっぱら、温かいおっきりこみのうどんとして代用されたのです。

ひもかわうどんを食べる際には、近所の製麺所に出かけ、数十円で購入していました。わが家では、おっきりこみの味を変えたい時に、ひもかわうどんを使ってこしゃったようです。ふだん食べるおっきりこみとは食感が異なり、美味しかったのを覚えています。

今では、外食でも味わえるようになってきましたが、とても懐かしい郷土の味です。

（五）甘楽のすき焼きは「豚肉」が定番

今でこそ、「すき焼き」といえば、当たり前のように牛肉が出てきますが、上州や甘楽では、昭和六十年（一九八五年）頃まで、「豚肉」が定番でした。

わが家は、昭和二十年（一九四五年）から二十年ほど、黒毛和牛の卸問屋を営んでいましたが、家庭で牛肉を食べた経験は一度もありません。当時は、一般の精肉店でも、牛肉を扱う店はほとんどなかったと記憶しています。

大学進学後、三重県津市内の食堂で肉丼を注文すると、当たり前のように牛肉丼が出てきたので、密かにびっくりした覚えがあります。十八歳にして、初の牛肉デビューとなったのです。

その頃から、群馬県内でもだんだんつ（徐々に）牛肉が食べられるようになりましたが、県内は上州豚の産地であり、「肉丼」といえば、依然として「豚肉丼」が定番だったのです。

現在、牛丼や牛肉を使ったすき焼きが主流となっていますが、昭和四十年代にわが家で食べた、豚肉とゴボウを煮込んだすき焼きが、とても懐かしく思い出されます。

なお、下仁田町には、まだ豚肉すき焼きが食べられるお店もあります。

（六）こだくさんのサラダ

甘楽弁で「こだくさん」というと、勘違いされてしまいそうですが、「具だくさん」のことです。

また、「サラダ」といえば、今では生野菜にドレッシングをかけて食べるのが主流になっていますが、田舎では、昭和六十年（一九八五年）頃まで、じゃがいもを使った「ポテトサラダ」が当たり前になっていました。

大正時代に、日本でも現在のマヨネーズが開発・販売されると、だんだんつ（徐々に）ポテトサラダが全国に広まり、大衆化していったようです。

家庭でこしゃう（作る）ポテトサラダには、いろいろな特色があります。

こは、ゆでたじゃがいもに、玉ねぎ、人参、きゅうり、ハムなどを和えるのが定番ですが、家庭によっては、りんごやブロッコリー、コーン、ゆで玉子などを加えたり、それぞれのこの量を増やして、こだくさんにするなどの工夫がみられました。

私は、いつも母親に頼んで、きゅうりを多めに入れてもらった思い出があります。今でも家庭でこしゃうポテトサラダは、きゅうりが多めで、わが家の伝統になっています。

（七）思い出のカレーライス

カレーライスは、今や、わが国を代表する国民食と言っても異論がないことでしょう。一時「ライスカレー」と呼ばれたこともありますが、皆さんはこの名前を聞いただけで、さまざまなカレーライスを思い起こすことでしょう。

まずは、変わり種のカレーライスを紹介したいと思います。

「ねぎ」と「こんにゃく」といえば、言わずとも知れた下仁田町の名産です。

私が高校生の頃、妙義登山の帰り道、小坂地区にある食堂で食べたのが「こんにゃくカレー」です。どんなカレーライスなのか、もの珍しさに惹かれ、注文してみました。

すると、豚肉の代わりにこんにゃくが使用されているのです。思わず「そうかぁ」（なるほど）と頷《うなず》いてしまいました。てんで（まったく）こんにゃくでも違和感はなく、「これもありだ！」と感じたのです。それ以来、ずっと思い出に残る逸品となっています。

また、別のある日、下仁田町の馬山地区へ出かけた際に、「下仁田ねぎカレーライス」に出会いました。玉ねぎに代わる下仁田ねぎがとろっとして、これも美味しかったのを覚えています。

今では、普通にねぎ（南蛮《なんばん》）入りのカレーうどんやそばが食べられていますが、下仁田ねぎであれば、ねぎカレーライスもてんで（とても）美味しいので、ぜひ一度こしゃって

（こしらえて）みてください。

私には、さらにもう一つ、愛してやまない老舗の「カレーライス」があります。地域では、かつて富岡工女（富岡製糸場で働く工女さん）も足繁く通ったという名店であり、私は小学生の頃、母親に連れられ映画館へ行った帰りに、初めて立ち寄った食堂のカレーライスです。かれこれ半世紀以上にわたって通い続けています。ルーは小麦粉から手作りし、具は上州ポークと玉ねぎのみですが、家庭で作るカレーとも洋食屋のカレーとも違う、スパイスが効いた無二のカレーライスといえます。一度食べたら、やみつきになる美味しさです。

耳をすませば、今にも男衆の「まっさかうんめんだい」や、女衆の「なからうんまいんさねぇ」（凄《すご》く美味しいんだよ）という甘楽弁が聞こえてきそうです。

（八）ソウルフードのホルモン揚げなど

現在「ホルモン揚げ」は、富岡名物になっています。

この地域では、私たちが子供の頃から、縁日やお祭りに出かけると、ホルモン揚げの屋台が出店していました。

初めて「ホルモン揚げ」という名を耳にした方は、「なんだろう？」と不思議に思うことでしょう。ぼっとか（もしか）したら、ホルモンを油で揚げた食べ物と考える方が多いかも知れません。

ホルモンをイメージしていますが、実は別の食べ物になっています。簡単に言葉で説明すれば、半円状に切った竹輪を串に刺し、パン粉をまぶして油で揚げた食べ物になります。別の表現を借りれば、串カツに近いかも知れません。

個人が開発したソウルフードですが、今では地元のスーパーマーケットなどでも同様な食べ物が販売されています。

この他にも、甘楽町の「桃太郎ごはん」や南牧村の「炭ラーメン」をはじめ、あまたの名物名産があります。『百聞は一見に如《し》かず』ともいいます。ぜひ本場を訪れて、自ら老舗や隠れた名店の味を探してみてはいかがでしょう。

七　甘楽脳になるための実践編

【一】ドローンで「鏑川《かぶらがわ》」をさかのぼる（空中散歩）

上空にドローンを飛ばしたつもりで、甘楽富岡地域を流れる鏑川流域をさかのぼってみたいと思います。

昭和三十年代に身に付けた甘楽弁で、空中から流域の名所旧跡をご案内しますので、想像力を働かせながら、自分なりの速度で情景をお楽しみください。

鏑川は、本流だけでも全長五十八キロメートル以上にも及んでいますので、中下流から上流の三か所を切り取ってご案内します。地図で確認してみるとよいでしょう。

【多胡《たご》橋から富岡大橋まで】

①こかぁ、鏑川に架かる多胡橋上空だい。古かぁ甘楽郡だったとこで、今は高崎市になってるんさねぇ。左っかたにゃぁ多胡碑記念館と多胡郡正倉跡が見ぇらい。川は南西方向にくねってるんだけんど、右っかた奥りの山中にゃぁ奥平城址《おくだいらじょうし》が見ぇてきたい。気づ

いて見ねぇと分かんねぇが、奥平氏は、長篠の戦いじゃぁ長篠城を死守し、徳川家康の亀姫っちゅう娘を妻にむけぇ、大名となったんさねぇ。ここんとこが甘楽の小幡氏と同族の、奥平氏発祥地だい。

①の意訳

ここは、鏑川に架かる多胡橋の上空です。古くは甘楽郡だった場所で、現在は高崎市になっています。左手には多胡碑記念館と多胡郡正倉跡が見えます。鏑川は南西方向に蛇行していますが、右手奥の山中には奥平城址が見えてきました。気を付けて見ないと分かりませんが、奥平氏は、長篠の戦いで長篠城を命がけで守り、徳川家康の亀姫という娘を妻に迎え、大名となりました。ここが甘楽の小幡氏と同族の、奥平氏発祥地です。

②川は西っかたに行ぎ、左下にゃぁ甘楽町庭谷地区が見ぇてきたい。めぇっかたに見ぇるんが「塩畑堂橋」だい。甘楽町福島地区と富岡市小野地区を繋《つな》いでるんだでぇ。昭和三十八年（一九六三年）ぐれぇまで、木造の吊り橋が架かっていたんさねぇ。両岸にゃぁ、まだふりぃ橋塔が残って見ぇらい。北の橋塔の端にゃぁ、平安時代、小野小町が故郷の秋田にけぇるんに、ここら辺で疱瘡《ほうそう》に罹《かか》っちゃって、千日修行したっつぅ「塩薬師」が見ぇらい。

②の意訳

川は西の方向に向かい、左下には甘楽町庭谷地区が見えてきました。前方に見えているのが「塩畑堂橋」です。甘楽町福島地区と富岡市小野地区を繋いでいます。昭和三十八年（一九六三年）くらいまで、ここには木造の吊り橋が架かっていたのです。両岸には、まだ古い橋塔が残っているのが見えます。北の橋塔の端には、平安時代、小野小町が故郷の秋田へ帰る途中、この辺りで疱瘡に罹ってしまい、千日修行したという「塩薬師」が見えます。

③鏑川は左っかたにまぁり込み、南に進みゃぁ、こんだぁめぇでぇに三本の橋が見ぇてき、たい。一本目は国道のバイパスに架かる「新富岡大橋」だでぇ。二本目が高崎と下仁田を結ぶ上信電鉄の橋梁《きょうりょう》だい。三つ目は上州姫街道（国道二五四号線）に架かる「富岡大橋」だい。昔ゃぁ「甘楽橋」っちゅうふうに呼んだんだけんど、橋の東っかたの田篠地区が、昭和三十四年（一九五九年）にゃぁ甘楽郡から富岡市に合流したんで、橋の名も変わったたっちゅうわけなんさねぇ。

③の意訳

鏑川は左方向に回り込み、南に進めば、今度は前方に三本の橋が見えてきました。一本目は国道のバイパスに架かる「新富岡大橋」です。二本目が高崎駅と下仁田駅を結ぶ上信電鉄の橋梁です。三つ目は上州姫街道（国道二五四号線）に架かる「富岡大橋」です。昔は「甘楽橋」と呼んでいましたが、橋東の田篠地区が、昭和三十四年（一九五九年）には甘楽郡から離れて富岡市に合併したので、橋の名前も変わったというわけです。

④江戸時代にゃぁ、中山道の脇往還（姫街道）は、ここんとこで初めて鏑川を渡ったんさねぇ。ここにゃぁ橋はねぇんで、川越しをしたっちゅう話だでぇ。両岸にゃぁ船着き場があって、右側の曽木地区にゃぁ、その記念碑が建ってるんさねぇ。

④の意訳

江戸時代には、中山道の脇街道（姫街道）は、この場所で初めて鏑川を渡ったのです。ここには橋が架かっていなかったので、川を越したという話です。両岸には船着き場が設けられ、右側の曽木地区には、その記念碑が建っています。

【富岡大橋から和合《わごう》橋まで】

①正面にゃぁ、甘楽の名峰・稲含山《いなふくみやま》が見ぇらい。標高一三七〇メートルのあの山だでぇ。そっから流れる雄川《おがわ》が東の甘楽町をぐるっとまぁって、左っかた下に流れ込んでるんだい。こんだぁ、鏑川はちっとっつ右っかたにまぁり込み、めぇっかたにゃぁ二本の橋が

見ぇてきたい。とっつきが富岡バイパスに架かる「新鏑橋」だい。奥りが甘楽町と富岡市中心部を繋ぐ「鏑橋」だでぇ。昔ゃぁ、俺たちゃぁ「井戸沢橋」と呼んでいたんさねぇ。

①の意訳

正面には、甘楽の名峰・稲含山が見えます。標高一三七〇メートルのあの山です。そこから流れ出る雄川が東にある甘楽町をぐるっと回って、左下に流れ込んでいます。今度は、鏑川は少しずつ右方向に回り込み、前方には二本の橋が見えてきました。手前が富岡バイパスに架かる「新鏑橋」です。奥の方が甘楽町と富岡市中心部を繋ぐ「鏑橋」です。昔、私たちは「井戸沢橋」と呼んでいました。

②川の右っかた奥りにゃぁ、煙突のある工場が見ぇてきたでぇ。こりゃぁ「富岡製糸場」だい。明治五年（一八七二年）操業の機械製糸場だでぇ。当時は、全国あまたから工女がやって来て操糸技術をおさぁったとこで、「富岡シルク」を世界中に広めたとこだい。奥りにゃぁ、岩肌がゴツゴツした「妙義山」と、雪をかぶった「浅間山」が見ぇてらい。

②の意訳

鏑川の右手奥には、煙突のある工場が見えてきました。ここが「官営富岡製糸場」です。明治五年（一八七二年）に操業を開始した機械製糸場です。当時は、全国各地から工女がやって来て操糸技術を習った所で、「富岡シルク」を世界中に広めた場所です。奥の方には、岩肌がゴツゴツした「妙義山」と、雪をかぶった「浅間山」が見えています。

③対岸は高瀬っちゅう地区で、昔ゃぁ「端上《せがみ》」って呼んだとこだい。こんだぁ右っかたに、高等学校の建物が見ぇてきたでぇ。ここんとこが「七日市藩藩邸跡」だい。加賀前田家の分家が治めたとこで、今でも御殿や黒門、槻木《つきのき》なんかが残っててすげぇやいねぇ。

③の意訳

対岸は高瀬という地区であり、昔は「端上」と呼ばれた場所です。今度は右手に、高等学校の建物が見えてきました。この場所が「七日市藩藩邸跡」です。加賀前田家の分家が治めた場所で、今でも御殿や黒門、槻木（欅《けやき》）などが残っていて凄いですよ。

④鏑川をまっと西にさかのぼりゃぁ、川は南っかたにくねってて、右奥りにゃぁ、鎮守の杜《もり》が見ぇてきたい。ここが上野国の一之宮になってる「貫前神社」だい。本殿は石段を下ったとこにあるんで、全国でもまっさか珍しげだいねぇ。本殿や拝殿、楼門は、国の重要文化財になってるっちゅう話だい。

④の意訳

鏑川をもっと西にさかのぼれば、川は南方向に湾曲し、右手奥には、鎮守の杜が見えてきました。ここが上野国の一之宮になっている「貫前神社」です。本殿は石段を下った場所にあるので、全国でも実に珍しいようです。本殿や拝殿、楼門は、国の重要文化財に指定されているという話です。

⑤こんだぁ、めぇでぇに橋が見ぇてきたい。こりゃぁ「和合橋」とゆって、この橋も昭和四十年（一九六五年）ぐれぇまで、木造の吊り橋だったんだでぇ。ゴトゴトと渡った思い出があらい。古かぁここを鎌倉街道が通ってて、川越しで田島地区に入ったげだい。

⑤の意訳

今度は、前方に橋が見えてきました。これは「和合橋」と呼ばれ、この橋も昭和四十年（一九六五年）頃まで、木造の吊り橋だったのです。ゴトゴトと渡った思い出があります。古くはここに鎌倉街道が通っていて、川を越して田島地区に入ったようです。

⑥この橋から南っかたに見ぇるんが、大島地区の城山だい。毎年八月にゃぁ、お盆行事で「火祭り」が行われるんだでぇ。その年を象徴する一字を、住民がつどって灯《とも》すんだいねぇ。

⑥の意訳

この橋から南方に見えるのが、大島地区の城山です。毎年八月には、お盆行事で「火祭り」が行われるのです。その年を象徴する一文字を選び、住民が集まって灯すのです。

【和合橋から青岩公園まで】

①鏑川は、こんだぁぐるっと右にまぁり込むでぇ。右に見ぇるんが、富岡市神成《かんなり》地区だい。奥りにゃぁ山はひきいが、神成山九連峰が見ぇらい。この辺が古代の「甘楽郡那非《なび》郷」に当たるとこみてぇだい。手前に見ぇるんが「宇芸《うげ》神社」だでぇ。社伝によりゃぁ、白《はく》鳳《ほう》七年（六七八年）創建っちゅう話だい。神明帳じゃぁ、「上野十二社」の一つになってるんさねぇ。

①の意訳
鏑川は、今度は大きく右方向に回り込みます。右手に見えているのが、富岡市神成地区です。奥には山は低いですが、神成山九連峰が見えます。この辺りが古代の「甘楽郡那非郷」に当たる場所のようです。手前に見えるのが「宇芸神社」です。社伝によれば、白鳳七年（六七八年）創建という話です。神明帳では、「上野十二社」の一つに数えられています。

②さらに右っかたに見ぇてきたんが、「南蛇井《なんじゃい》」っちゅう地区だでぇ。古代の「甘楽郡那射《なさ》

郷」に当たるとこじゃねぇかねぇ。このあとも鏑川は、右に左に大きく蛇行するんだい。

②の意訳

さらに右手に見えてきたのが、「南蛇井」という地区です。古代の「甘楽郡那射郷」に当たる場所ではないでしょうか。このあとも鏑川は、右に左に大きく蛇行しています。

③めぇっかたにゃぁ、国道に架かる「比佐理橋」が見ぇてきたい。左にゃぁ「上信越道」の下仁田インターも見ぇてらい。鏑川を先に進みゃぁ、旧国道に架かる只川橋が見ぇらい。この橋から左っかたが下仁田町馬山《まやま》地区だい。この辺が「下仁田ねぎ」の産地だでぇ。

③の意訳

前方には、国道に架かる「比佐理橋」が見えてきました。左手には「上信越高速道」の下仁田インターも見えています。鏑川を先に進むと、旧国道に架かる只川橋が見えます。この橋から左側が下仁田町馬山地区です。この辺りが「下仁田ねぎ」の産地ですよ。

④川はだんだんっつ南に向かい、こんだぁ「不通渓谷《とおらず》」が見ぇてきたい。川幅が狭くって断崖がものすげんだいねぇ。ここじゃぁ鏑川を渡れねんで、旧姫街道はその奥りの小坂《おさか》坂《ざか》峠を越えて行ぐんさねぇ。川はぐるっと西にまぁり込みゃぁ、また川は狭《せば》まって、こ

んだぁ「はねこし峡」が見ぇてきたい。ぴょんと跳《は》ねりゃぁ飛び越せるげだっちゅうことで、こんな名めぇが付いたんみちょうだい。

④の意訳

鏑川は少しずつ南方向に向かい、今度は「不通渓谷」が見えてきました。川幅が狭く、断崖がもの凄いですね。ここでは鏑川を渡ることができないので、旧姫街道はその奥にある小坂坂峠を越えて行くのです。川はぐるっと西方向に回り込むと、また川が狭くなり、今度は「はねこし峡」が見えてきました。ぴょんと跳ねれば飛び越せそうだということから、この名が付いたようです。

⑤このまんま西方向に進みゃぁ、川幅がグッと拡《ひろ》がり、右下にゃぁ、しもんたの町が見ぇてきたい。川は大きく右にまぁり込み、川ん中に見ぇるんが、青っぺぇ石畳が有名な「青岩公園」だい。小学校の遠足で来たとこさねぇ。すぐ近くにゃぁ上信電鉄の終点「下仁田駅」も見ぇてらい。しもんた町は旧宿場町で、まぁりにゃぁへんちょこな山々が見ぇてるだんべぇ。稲含山も含めて、「下仁田九峰」ってゆんみちょうだい。

⑤の意訳

このまま西方向に進むと、川幅がグッと拡がり、右手下には、下仁田町が見えてきました。鏑川は大きく右方向に回り込み、川の中に見えるのが、青っぽい石畳が有名な「青岩公園」です。小学生の時に遠足で来た場所です。すぐ近くには上信電鉄の終点「下仁田駅」も見えています。下仁田町は旧姫街道の宿場町であり、周りには変わった形の山々が見えますよね。稲含山も含めて「下仁田九峰」と呼ぶようです。

⑥なお、この青岩付近は、鏑川上流の西牧川《さいもくがわ》と南牧川《なんもくがわ》が合流してるとこなんさねぇ。北西に西牧川をさかのぼりゃぁ、付近に「下仁田戦争」の古戦場や「西牧関所」「本宿《もとじゅく》」「荒船山」なんかも見ぇてさぁ、長野の佐久市や軽井沢町なんかにも抜けられるんだでぇ。

⑥の意訳

なお、この青岩付近は、鏑川上流の西牧川と南牧川が合流している場所なのです。北西方向に西牧川をさかのぼると、付近には「下仁田戦争」の古戦場や「西牧関所」「本宿」「荒船山」なども見えて、長野県佐久市や軽井沢町方面にも抜けられるのです。

⑦また、南西に南牧川をたどりゃぁ、南牧村を通って、長野の佐久穂町や佐久市に抜けられるんだでぇ。途中にゃぁ「蝉の渓谷」「砥沢宿《とざわしゅく》」「砥沢関所」「線ヶ滝」なんかもあるんで、見所も少なかぁねんだい。こっから先は、実際自分の目で確かめてくんない。

⑦の意訳

また、南西方向に南牧川をたどれば、南牧村を通って、長野県の佐久穂町や佐久市に抜けられるのです。途中には「蝉の渓谷」「砥沢宿」「砥沢関所」「線ヶ滝」などもあるので、見所も少なくありません。ここから先は、実際に自分の目で確かめてみてください。

【二】少年の主張（小学四年男子・想定）

『おばあちゃんの言葉』


毎朝、おばあちゃんは、「気づいて行っといで」といって、送り出してくれます。

ぼくは、その言葉にはげまされて、いつも元気に学校へ通っています。

おばあちゃんの話す言葉には、ときどき「何それ？」と笑ってしまうこともありますが、ぼくがわからないときには、「それはどういうこと？」と、いつも聞くようにしています。

すると、おばあちゃんは、いつも笑顔でやさしく教えてくれます。

お父さんとお母さんは仕事に出かけているので、ぼくが学校から帰ると、おばあちゃんは「お帰り。お腹がすいたろう。おこじはんができてるよ」と、むかえてくれます。

ある日、おばあちゃんは、「今日は、じり焼きだよ。おねぇちゃんと半分つ食べな」といいました。「『半分つ』って、『半分こ』のこと？」と聞くと、

「このへんの人たちは、『つ』という言い方をよくするんだよ。『少しずつ』というときには、『ちっとっつ』や『だんだんつ』という方言を使うんさねぇ」と教えてくれました。そういえば、そんな言葉を何回か聞いたことがあります。

また、別の日に、おばあちゃんは、「ちっとんばいだけど、せっかくこしゃったんで、これを持って行ぎない」と、近所のおばちゃんに話しているのを聞きました。

ぼくが「『ちっとんばい』や『こしゃった』とは、どんなこと？」と聞くと、「『ちっとんばい』は女の人が使う『少しばかり』という言葉で、『こしゃった』という言葉は、『作った』という方言だよ」と、ていねいに教えてくれました。

さらに、「今は古い言葉を話す人が減ってきてるけど、甘楽の人が使ってきた言葉なんだよ」「古い甘楽弁には、昔の人のたましいがこもっているんだい」と、話してくれました。そのおかげで、ぼくもだんだんつ甘楽弁がわかるようになってきました。

「もっと知りたい」と思って、そのあとはノートに書きとめるようにしました。

今年の夏休みには、自由研究として、「あ」から順番にどんな方言があるか、地域の大人にも聞いて、一さつのノートにまとめました。いろいろ調べてみると、甘楽弁には、よその地域であまり使わない言葉が、いっぱいあることもわかりました。

そんなある日、おばあちゃんは、「むりに使う必要はないけどさぁ。自分が育った土地の言葉は知っておいたほうがいいよ」とも、話してくれました。

ぼくは、甘楽弁を調べてみて、おばあちゃんが話していた「言葉にはたましいがこもっている」という意味が、なんとなくわかってきました。

これからは、言葉を大切にして、心のこもった言葉を使っていきたいと思います。

【三】甘楽弁実践講座

掲載する会話文は、どちらかといえば、私が見たり聞いたり経験したりしたことをもとに構成していますが、実際の会話を収録したものではありません。登場する人物名も、実在する人物とまるっきしゃ（まったく）関係はありません。

後ろに示した意訳には、表現上、やや丁寧な物言いになっている箇所もありますので、ご注意ください。

【第一話】神社で出会ったおじさん同士の会話

（甲さん）おいさん！　この辺のことを聞きてんだけんど、聞いてもいいかい？

（乙さん）はあ？「おじさん」っちゅうのは俺のことかい。おじさんに「おじさん」って呼ばれたんで、まっさかたまげたいのぉ！

（甲さん）おどかしてわりんねぇ。「おいさん」とは言ったが、別に「おじいさん」って呼んだつもりじゃぁねんだい。

（乙さん）おらぁ、おめぇさんよりわけぇしじゃぁねぇかねぇ？

（甲さん）ぼっとかして、おんなしぐれぇの歳なんかい？

（乙さん）おらぁ、まだ六十二だい。おめぇはいくつなんだい？

（甲さん）俺かい。おらぁ女衆《おんなし》じゃねぇけど、おんなしだい。先月で六十二になったい。

（乙さん）へぇ、そうなんかい。おんなしじゃぁねぇかい。まぁずたまげたい。なに聞きてんだい？

（甲さん）この神社の奥りに山があるだんべぇ。こりゃぁ登れるんかい？

（乙さん）ああ、このほせぇ道を行ぎゃぁ登れるでぇ。

（甲さん）てっぺんまでどれぐれぇ行ぎゃぁいいんだい？

（乙さん）俺もいっぺん登ったこたぁあるんだが、一時間ぐれぇだったいねぇ。

（甲さん）道なりに行ぎゃぁいいんかい。何か気ぃつけるこたぁねぇかい？

（乙さん）岩山にぶち当たったら、右っかたにまぁり込みゃぁ平気だい。何か動物がいるかもしんねぇけどな。

（甲さん）そうかい。悪かったねぇ。そいじゃぁ、はぁこれから行ってみらぁ。

（乙さん）早く行がねぇと夜になっちゃうでぇ。気づいて行ぎない！

【第一話の意訳】

（甲さん）おいさん！　この辺りのことを聞きたいのだけど、聞いてもいいかな？

（乙さん）はあ？「おじさん」というのは俺のことかい。おじさんに「おじさん」って呼ばれたので、とてもびっくりしたよ！

（甲さん）おどろかせてごめんなさい。「おいさん」とは言ったけれど、別に「おじいさん」と呼んだつもりではないよ。

（乙さん）俺は、お前さんよりも若者ではないかな？

（甲さん）もしかして、同じくらいの歳になるのかな？

（乙さん）俺は、まだ六十二歳だよ。お前さんは何歳だね？

（甲さん）俺？　俺は女性ではないけど、同い年だよ。先月で六十二歳になったよ。

（乙さん）へぇ、そうなんだ。同じだね。本当にびっくりしたよ。なにを聞きたいのかね？

（甲さん）この神社の奥に山があるよね。この山は登れるのかな？

（乙さん）ああ、この細い道を行けば登れるよ。

（甲さん）山頂までどのくらい時間がかかるのかな？

（乙さん）俺も一度登ったことがあるけれど、一時間くらいだったよ。

（甲さん）道なりに行けばいいのかね。何か気を付けることはあるかな？

（乙さん）岩山に突き当たったら、右の方に回れば大丈夫だよ。何かの動物がいるかも知れないけどね。

（甲さん）そうなんだ。悪かったね。それでは、さっそくこれから行ってみるよ。

（乙さん）早く行かないと夜になってしまうよ。気をつけて行きなさいよ！

【第二話】「ねずみ小僧」に関するおいさん同士の会話

（弥次さん）このめぇ話した、ねずみ小僧次郎吉《じろきち》の話ぁ覚えてるかい？

（喜多さん）あぁ、覚えてらい。小幡藩の江戸屋敷で捕まったっちゅう話だんべぇ！

（弥次さん）そうさぁ。そのあと、ねずみ小僧がどうなったんか知ってるっきゃぁ？

（喜多さん）知んねぇけど、どうなったんだやぁ。おせぇてくれやぁ！

（弥次さん）むげぇ話だけんど、市中引き回しのうえ、獄門だっちゅんだい。

（喜多さん）へぇ。けど、ねずみ小僧は義賊《ぎぞく》だっつぅ話じゃぁねんかい？

（弥次さん）そりゃぁ、庶民は御上《おかみ》をよく思っちゃぁいねんで、そうなったげだでぇ。

（喜多さん）そのあたぁ、どうなったんだい。まっとおせぇてくんない！

（弥次さん）宗意《もとい》っちゅう藩士がとっつかめたんだが、大人しく御用になったげだでぇ。

（喜多さん）そうかやぁ。大名屋敷ばっかし狙ったっつぅ話じゃぁねぇかい。

（弥次さん）百か所ぐれぇ忍び込んだんだんみちょうだが、訴え出る藩はなかったげだい。

（喜多さん）そりゃぁそうだべぇ。大名屋敷が盗賊に金盗まれたとは言えねぇもんなぁ。

（弥次さん）市中引き回しの際にゃぁ、死装束《しにしょうぞく》に薄化粧の出で立ちだったげだでぇ！

（喜多さん）へぇ。なんでそんな格好させたんだんべぇ？

（弥次さん）ねずみ小僧は小男だったんで、見物人に女々しく見せるためだったげだい。

（喜多さん）そうなんかい。そいで獄門の後、どうなったんだい？

（弥次さん）おらぁ行ったこたぁねぇが、両国の回向院《えこういん》に墓があって、受験シーズンにもなりゃぁ、なっから受験生が合格祈願に訪れるっちゅう話だい。

（喜多さん）なんで、受験生がそんなにお参りするんだや？

（弥次さん）話によりゃぁ、「するりと入れる」っちゅうことらしいでぇ。


【第二話の意訳】

（弥次さん）この前に話した、ねずみ小僧次郎吉の話は覚えてるかい？

（喜多さん）ああ、覚えてるよ。小幡藩の江戸屋敷で捕まったという話だろう！

（弥次さん）そうだよ。そのあと、ねずみ小僧がどうなったか知ってる？

（喜多さん）知らないけど、どうなったのか、教えてもらえる！

（弥次さん）むごい話なんだけれど、市中引き回しのうえ、獄門だということだよ。

（喜多さん）ほんとかい。しかし、ねずみ小僧は義賊だったという話だよね？

（弥次さん）それは、庶民が御上をよく思ってはいないので、そうなったらしいよ。

（喜多さん）そのあと、どうなったのか、もっと詳しく教えてくれる？

（弥次さん）宗意という藩士が捕まえたんだけど、抵抗もしないで捕まったらしいよ。

（喜多さん）そうなんだ。大名屋敷ばかり狙ったという話だよね。

（弥次さん）百か所くらい忍び込んだようだけど、幕府に訴え出る藩はなかったらしいよ。

（喜多さん）それはそうだろう。大名屋敷が盗賊に金盗まれたなんて言えないよな。

（弥次さん）市中引き回しの際には、死装束に薄化粧の支度だったらしいよ！

（喜多さん）そうなんだ。なぜそんな支度をさせたのだろうか？

（弥次さん）ねずみ小僧は小男だったので、見物人に弱々しく見せるためだったらしいよ。

（喜多さん）そうなんだ。それで獄門の後は、どうなったのかな？

（弥次さん）俺はまだ行ったことはないけど、墨田区両国の回向院に墓があって、受験シーズンになれば、多くの受験生が合格祈願に訪れるという話だよ。

（喜多さん）なぜ、受験生がそんなにお参りするのかな？

（弥次さん）話によれば、「すんなりと入れる」ということらしいよ。

【第三話】近所付き合いをする六十代女性同士の会話

（萌《もえ》ちゃん）ちっとんばいだけどさぁ、赤飯炊いたんで食べりぃ。
（鈴ちゃん）いつもわりんねぇ。わざわざ赤飯っここしゃってくれたんかい？
（萌ちゃん）わざぁと煮しめもこしゃったんで、食べてくんない。
（鈴ちゃん）あぁ、ご馳走さま。なんかおめでたいことでもあったんかい？
（萌ちゃん）そうなんさねぇ。孫が高校に合格したんでさぁ。お祝いなんだい！
（鈴ちゃん）そりゃぁ、おめでたいねぇ。まっさかうんまげじゃねぇ。
（萌ちゃん）大したもんじゃぁないけどさぁ。お返しはいらないよ。
（鈴ちゃん）お重はどうしたらいいかねぇ。今空けた方がいいかい？
（萌ちゃん）そんなことすらっといいよ。あとで返してもらやぁいいんだから。
（鈴ちゃん）孫は、どこの学校に行ぐことになったい？
（萌ちゃん）東京だからねぇ。都立高校だい。心配してたんだけど、良かったい。
（鈴ちゃん）そらぁ、ほんと良かったいねぇ。よく遊びに来てたあの子かい？
（萌ちゃん）そうなんさねぇ。今はあんまし会えないんだけどさぁ。
（鈴ちゃん）前会ったおばちゃんが、「おめでとうってゆってた」と言っとくれぇ。
（萌ちゃん）あぁ、ゆっとくよぉ。味は分かんないけどさぁ、食べてくんない。

（鈴ちゃん）喜んでいただくよぉ。あとでうちのもんにも食べさせらい。
（萌ちゃん）親戚にも届けなきゃぁなんないんで、そいじゃぁ、行ってみらい。
（鈴ちゃん）今日は、わざわざとご苦労さんでした。あとでゆっくりもらわぁねぇ。

【第三話の意訳】
（萌ちゃん）少しばかりだけれど、赤飯を蒸かしたので食べてください。
（鈴ちゃん）いつもありがとうね。わざわざ赤飯をこしらえてくれたの？
（萌ちゃん）ほんの少しだけど煮しめも作ったので、食べてください。
（鈴ちゃん）ああ、ごちそうさま。なにかめでたいことがあったの？
（萌ちゃん）そうなんだよ。孫が高校に合格したので、お祝いなんだよ！
（鈴ちゃん）それはおめでたいね。とても美味しそうだね。
（萌ちゃん）大したものではないけどね。お返しはいらないよ。
（鈴ちゃん）重箱はどうしたらいい。今、空にして返した方がいいかな？
（萌ちゃん）そんなことはしなくていいよ。あとで返してもらえばいいよ。
（鈴ちゃん）お孫さんは、どこの学校へ行くことになったの？
（萌ちゃん）東京なので、都立高校だよ。心配していたけれど、良かったよ。
（鈴ちゃん）それは、本当に良かったね。よく遊びに来ていたあの子かね？

（萌ちゃん）そうなんだよ。今はあまり会えないけどね。

（鈴ちゃん）以前に会ったおばちゃんが、「おめでとうと言っていた」と伝えてね。

（萌ちゃん）ああ、伝えておくよ。味は分からないけど、食べてください。

（鈴ちゃん）喜んでいただくよ。あとで家族みんなで食べさせてもらうよ。

（萌ちゃん）親戚にも届けなければならないので、それでは、これで失礼するね。

（鈴ちゃん）今日は、わざわざご苦労さまでした。あとでゆっくりご馳走になります。

【第四話】年長者による世界に広まる和食談義

（松ちゃん）竹ちゃん、知ってるかやぁ。最近世界中にうどんが広まってるっちゅうよ。

（竹ちゃん）あぁ、そうみちょうだい。寿司やラーメンブームばっかしだと思ってたい。

（松ちゃん）今イギリスじゃぁ、ものすげぇ勢いだっちゅう話だでぇ、おめぇ。

（竹ちゃん）ハワイもすげんだっちゅうねぇ。国内店を抑えて一等げじゃねぇかい。

（松ちゃん）よく聞いてくれたい。そうなんだい。行列待ちだったいのぉ。

（竹ちゃん）おめぇ、まっさか行ってきたげな話するじゃぁねぇかい。

（松ちゃん）そうさぁ。コロナが流行《はや》るめぇに親戚のもんと行ぎ、二度ばっかし寄ったんさねぇ。

（竹ちゃん）ほぉ、そんな話ゃぁ、聞いてねぇでぇ、おめぇ。ほんとかい？

（松ちゃん）そりゃそうだ、ゆってねぇもん。リムジン乗って真珠湾も行ってきたい。

（竹ちゃん）そいで、うどんはどうしたい。うんまかったかい？

（松ちゃん）日本とおんなしでうんまかったい。原料も日本から送ってるんみちょうだい。

（竹ちゃん）なんでそんなに行列ができるんだやぁ、知ってるっきゃぁ？

（松ちゃん）日本より値段はたけぇけど、他のレストランに比べりゃぁ、ずっと安いし、チップや予約も要らねぇし、まぁず寄りやすいんさねぇ。

（竹ちゃん）そいで、込むっちゅうわけかい。

（松ちゃん）でもなぁ、おもしれんだでぇ。客がいくら並んでたって作業がぱったり止まることがあるんだでぇ。うどんが間に合わねんだが休憩だが、知んねぇけど。

（竹ちゃん）そうなんかい。けど、他に比べりゃぁ「よりやすい」っちゅう話だいねぇ。

（松ちゃん）でもよぉ、おりゃぁうちのんがこしゃうおっきりこみが一等だでぇ。

（竹ちゃん）ちげぇねぇ、まぁんち喰っても飽きねぇもんなぁ。でもしょうぎうどんや桐生の紐《ひも》かわ、水沢うどんもいいでぇ。何たって群馬はうどん県だもん！


【第四話の意訳】

（松ちゃん）竹ちゃん、知ってるかい。最近は世界中にうどんが広まっているというよ。

（竹ちゃん）ああ、そのようだよね。寿司やラーメンブームばかりだと思っていたよ。

（松ちゃん）今、イギリスでは、もの凄い勢いだという話だよ、お前さん。

（竹ちゃん）ハワイも凄いらしいね。国内店を抑えて一番の稼ぎ頭になってるらしいね。

（松ちゃん）よく聞いてくれたね。そうなんだよ。行列待ちなんだよ。

（竹ちゃん）お前さん、本当に行ってきたような話をするね。

（松ちゃん）そうだよ。コロナが流行る前に親戚と出かけ、二度ほど寄ったんだよ。

（竹ちゃん）ほぉ、そんな話は聞いてないよ、お前さん。本当の話かよ？

（松ちゃん）そうさ、話すのは初めてだもの。リムジンに乗って真珠湾にも行ったよ。

（竹ちゃん）それで、うどんの話はどうなった。おいしかったかい？

（松ちゃん）日本と同じでおいしかったよ。原料も日本から送っているようだよ。

（竹ちゃん）なぜ、そんなに行列ができるのか、知っているかい？

（松ちゃん）日本より値段は高いけれど、他のレストランに比べて、ずっと格安だし、面倒なチップや予約もいらないので、とても店に寄りやすいんだよ。

（竹ちゃん）それで、行列ができるというわけなんだ。

（松ちゃん）でもな、面白いんだよ。客がいくら並んでいても、作業がぱったりと止まることがあるんだよ。うどんが間に合わないのか休憩なのか、分からないけど。

（竹ちゃん）そうなのか。しかし、他に比べれば「よりやすい」という話だよね。

（松ちゃん）それでも、俺は、妻が作るおっきりこみうどんが一番好きかな。

（竹ちゃん）確かに毎日食べても飽きないよな。でも、しょうぎうどんや桐生の紐かわ、水沢うどんなどもいいよ。何と言っても、群馬はうどん県だからね！

【第五話】還暦を過ぎた男女幼なじみの会話

（健ちゃん）桃ちゃん、しばらくじゃぁねぇかい。元気だったかい。
（桃ちゃん）ほんと、しばらくだいねぇ。健ちゃんも元気げで良かったよぉ。
（健ちゃん）旦那は、まだ仕事してるんかい？
（桃ちゃん）再雇用とか何とかで、まだ会社勤めだい。亭主元気で何とかだけどね。
（健ちゃん）おらぁ自営だんべぇ。引退はねんだいなぁ。貧乏暇ありだい。
（桃ちゃん）でも、元気でいられりゃぁ、それでいいんじゃないかねぇ。
（健ちゃん）そうだいなぁ。そう思って、おらぁ最近ラージ卓球始めたんさねぇ。
（桃ちゃん）そりゃぁ、いいことだいねぇ。ちっとっつ体動かした方がいいよねぇ。
（健ちゃん）まだぺぇぺぇだんべぇ。うまかぁねんだけどさぁ。
（桃ちゃん）いま全国で、卓球をする人たちゃぁ増えてるげだよね。
（健ちゃん）仲間が百人もいるんだでぇ。このめぇ、サービスで横回転に切ったら、

（桃ちゃん）「まだそんなこたぁすらっといい！」って、若衆に言われちゃったい。

（健ちゃん）やってみりゃぁ、なかなか難しんだろうね。

（桃ちゃん）そうなんさぁ。思ったとおりにゃぁいがねんが卓球だい！

（健ちゃん）まぁ頑張りなよぉ。だんだんつ上達すりゃぁいんだからさぁ。

（桃ちゃん）そう言ってもらやぁありがてぇや。たまにゃぁ店の方にも遊びにきない！

（健ちゃん）そのうち寄らせてもらわい。じゃぁ頑張ってね。


【第五話の意訳】


（健ちゃん）桃ちゃん、久しぶりだよな。ずっと元気でいられたかい。

（桃ちゃん）本当にしばらくぶりだよね。健ちゃんも元気そうで良かったよ。

（健ちゃん）旦那さんは、まだ仕事をしているの？

（桃ちゃん）再雇用とか何とかで、まだ会社勤めなんだよ。亭主元気で何とかと言うよね。

（健ちゃん）俺は自営だろう。引退はないんだよなぁ。貧乏暇ありというところかな。

（桃ちゃん）しかし、元気でいられれば、それに越したことはないよね。

（健ちゃん）そうだよな。そう思って、俺は最近、ラージ卓球を始めたんだよ。

（桃ちゃん）それは、いいことだよね。少しずつ身体を動かした方がいいよね。

（健ちゃん）まだ下っぱだろう。上手くはないんだけれどね。

（桃ちゃん）いま全国で、卓球をする人たちが増えているようだよね。

（健ちゃん）仲間が百人もいるんだよ。この前は、サービスで横回転に切ったら、「まだそんなことはしなくてもいい！」と、若者に注意されてしまったよ。

（桃ちゃん）やってみれば、なかなか難しいのだろうね。

（健ちゃん）そうなんだよ。思ったとおりにはいかないのが卓球だよ！

（桃ちゃん）まあ頑張ってよ。少しずつ上達すればいいのではないかな。

（健ちゃん）そう言ってもらえれば、ありがたいよ。たまには店にも遊びにおいで！

（桃ちゃん）そのうちに寄らせてもらうよ。では、お元気でね。

【第六話】高校時代の先輩と後輩の会話

（富岡くん）こんちは。久しぶりじゃねぇかい。よく来たねぇ。何年ぶりかなぁ？

（甘楽くん）はぁ十年ぶりぐれぇだんべぇ。富岡に用事があってさぁ、寄ってみたい。

（富岡くん）そうかい。おめぇまっさか変わんねぇなぁ。よく富岡に来るんかや？

（甘楽くん）そいでも一年ぶりかな。まぁず富岡はとえぇやなぁ。高校の時にゃぁ、まぁんち上信で通ったんだけどさぁ。

（富岡くん）今なにやってるんだやぁ。まだ会社勤めしてるんかい？

（甘楽くん）三十年勤めたんだが、今は親父の跡を継いでこんにゃく屋だい！

（富岡くん）おめぇのとこは西牧だいなぁ。買いもんはどこに行ぐんだや？

（甘楽くん）俺んとかぁ、峠ぇこしゃぁ軽井さわだんべぇ。よく軽井さわに行がい！

（富岡くん）車で富岡だって、小一時間はかかるだんべぇ。軽井さわはどのぐれぇだい？

（甘楽くん）そうだいなぁ。二十分ぐれぇだんべか。

（富岡くん）向こうの人たちゃぁ、どっか言葉が違うかい？

（甘楽くん）観光客が多いだんべぇ。客相手ともなりゃぁ、ちっとんべぇ違うんみちょうだけんど、ふだんは甘楽とあんまし変わんねぇやいな。

（富岡くん）そうだんべぇなぁ。信州ったって、おめぇのとこの隣だもんなぁ。

（甘楽くん）先輩。こんだぁ俺んちにも遊びにきない。とくせぇこんにゃくもあるからよ。


【第六話の意訳】

（富岡くん）こんにちは。久しぶりだね。よく来てくれたね。何年ぶりになるかな？

（甘楽くん）もう十年ぶりくらいだろうか。富岡に用事があったので、寄ってみたよ。

（富岡くん）そうか。きみはまったく変わらないね。よく富岡に来ることがあるの？

（甘楽くん）それでも一年ぶりかな。ずいぶん富岡は遠いよね。高校時代には、毎日、上信電鉄で通学したんだけれどね。

（富岡くん）今、なにをやっているの。まだ会社に勤めているの？

（甘楽くん）三十年間勤めたけれど、今は親父の跡を継いでこんにゃく屋をしてるよ！

（富岡くん）きみの所は西牧だよな。買い物はどこまで行くの？

（甘楽くん）俺の所は、峠を越せば軽井沢《かるいざわ》だろう。よく軽井沢に行くよ！

（富岡くん）車でも富岡まで一時間近くかかるだろう。軽井沢までどのくらいかな？

（甘楽くん）そうだよね。二十分くらいだろうか。

（富岡くん）軽井沢の人たちは、どこか言葉に違いがあるの？

（甘楽くん）観光客が多いだろう。客相手ともなれば、少し違うようだけれど、ふだんは甘楽の言葉とあまり変わらないよね。

（富岡くん）そうだろうな。信州と言っても、きみが住んでいる所の隣だよね。

（甘楽くん）先輩。今度は俺の家にも遊びにきてよ。たくさんこんにゃくもあるからね。

【第七話】昭和三十年代の子供が行ったチャンバラごっこ

（白馬役）今日はさぁ。栗《くり》の木で刀こしゃってきたんで、チャンバラごっこして遊ばねぇ。

（赤胴役）うん、分かった。チャンバラして遊んべぇ。斬られたら、絶対死ぬんだでぇ。

（白馬役）分かってらい。当たり前田のクラッカーだい。振りまぁしゃぁ危ねぇでぇ。

（赤胴役）そうさぁ。怪我っこしねぇように、スローでやんべぇ！

（白馬役）ほんとに斬っちゃぁ駄目だでぇ。初めはどっちが斬られ役やるぅ？

（赤胴役）じゃぁ、俺が斬られ役をやらい。はぁやってんべぇ。用意はいいかい？

（白馬役）そんなんとっくのもっくだい。

おらぁ白馬童子だい。おめぇは誰だ？

（赤胴役）お、俺かぁ。おいらは赤胴鈴之助だい！

（白馬役）じゃぁ、構えろやぁ。どこからでもかかってきない！

（赤胴役）やぁ！　こいでどうだ。真空斬りだい！

（白馬役）何のこれしき。まだまだ序の口よ。たぁ！
（赤胴役）やぁ！　やぁ！　おめぇ、なかなかやるのぉ。
（白馬役）たぁ！　たぁ！　おめぇこそ、なかなかやるじゃぁねぇかぁ。たぁ！
（赤胴役）うぅ、やられたぁ。バタッ。ち、ちんとろちげぇだぁ！
（白馬役）おい、平気かぁ。傷はあせぇぞぉ。しっかりしろ。
（赤胴役）おらぁ、はぁ駄目だい。最期《さいご》に、み、水が一杯飲みてぇなぁ。……ガクッ。

【第七話の意訳】
（白馬役）今日はね。栗の木で刀を作ってきたので、チャンバラごっこして遊ぼう。
（赤胴役）うん、分かったよ。チャンバラして遊ぼう。斬られたら、絶対死ぬんだよ。
（白馬役）分かってるよ。そんなの当たり前だよ。振り回したら危ないよ。
（赤胴役）そうだよ。怪我なんかしないように、スローモーションでやろう！
（白馬役）本当に斬ったら駄目だよ。最初はどっちが斬られ役をやる？
（赤胴役）では、俺が最初に斬られ役をやるよ。さっそくやってみよう。用意はいい？
（白馬役）そんなのは、ずっと前にできてるよ。俺は白馬童子だ。おまえは誰だ？
（赤胴役）お、俺か。おいらは赤胴鈴之助だ！
（白馬役）では、刀を構えろ。どこからでもかかってきなさい！

（赤胴役）やぁ！　これでどうだ。真空斬りだ！
（白馬役）何のこれしき。まだまだ序の口よ。たぁ！
（赤胴役）やぁ！　やぁ！　おぬし、なかなかやるではないか。
（白馬役）たぁ！　たぁ！　おぬしこそ、なかなかやるではないか。たぁ！
（赤胴役）うう、やられた。バタッ。血、血だらけだぁ！
（白馬役）おい、大丈夫か。傷は浅いぞ。しっかりしろ。
（赤胴役）俺は、もう駄目だっ。最期に、み、水が一杯飲みたいなぁ。……ガクッ。

【第八話】子供時代の思い出を話すシニア同士の会話

（辰《たつ》ちゃん）そいやぁさぁ。小学校の頃、ちびっ子相撲大会っちゅんがあったんだい。
（寅《とら》ちゃん）ほんとかやぁ。俺んとかぁ、そんなんなかったいなぁ。
（辰ちゃん）各地区の対抗戦でさぁ。確か四年生ぐれぇから出たんだいなぁ。
（寅ちゃん）そうなんかい。そいで、おめぇは強かったんかい？
（辰ちゃん）自慢じゃぁねぇけど、おらぁ一度も負けたこたぁねぇでぇ。ほんとだい。
（寅ちゃん）へぇ、そんなに強かったんかい。おめぇ、なっからかたぁいいねぇ。
（辰ちゃん）おらぁやせん坊だったけど、足腰だきゃぁ強かったんだいなぁ。

（寅ちゃん）すげぇじゃゃねぇ。どんな格好でやったんだやぁ？

（辰ちゃん）ちゃんとまぁし付けてとったんだい。学校にゃぁ土俵もあったんだでぇ。

（寅ちゃん）そうかい。俺の子供ん時の思い出は、スケートだいなぁ。

（辰ちゃん）当時、甘楽にゃぁどこの小学校だって、プールはなくてもスケートリンクだけはあったいなぁ。

（寅ちゃん）そうさぁ。高学年になりゃぁ、スピードスケートを買ってもらえたんだい。

（辰ちゃん）うちの娘なんかも小学校じゃぁ、ずっとやってたい。

（寅ちゃん）どの学校も、平成四、五年頃までやってたんじゃぁねんかい。

（辰ちゃん）そうさねぇ。温暖化の影響で、その頃から氷が張らなくなったんだいなぁ。

（寅ちゃん）冬の体育っていやぁ、ずっとスケートだったいなぁ。おらぁ学校で連れてってくれる軽井さわスケートセンターが、まっさか楽しみだったい。

（辰ちゃん）そうさぁ。浅間山をバックに、ひれぇリンクでよく滑ったもんさねぇ。

（寅ちゃん）富岡市なんか、スケート大会があったんだでぇ。知ってるっきゃぁ？

（辰ちゃん）あぁ、そうみてぇだいな。俺なんか小学校に勤めていたんべぇ。冬になりゃぁ夜中の水まきから子供の指導までさんざやったい。

（寅ちゃん）知らねぇうちに歳をとったもんだい。昔話は懐かしいやいなぁ。

【第八話の意訳】


（辰ちゃん）そういえばね。小学校の頃、ちびっ子相撲大会というのがあったんだよ。

（寅ちゃん）本当かい。俺の所は、そんなのはなかったよ。

（辰ちゃん）各地区の対抗戦なんだよ。確か四年生くらいから出場ができたと思うな。

（寅ちゃん）そうなのか。それで、君は強かったのかい？

（辰ちゃん）自慢ではないけど、俺は一度も負けたことはないんだよ。本当だよ。

（寅ちゃん）ほぉ、そんなに強かったんだ。君は、ずいぶん格好いいね。

（辰ちゃん）俺は細かったけど、足腰だけは強かったんだよ。

（寅ちゃん）凄いね。どんな支度で相撲をとったの？

（辰ちゃん）ちゃんと回しを付けてとったのさ。学校には土俵だってあったんだぜ。

（寅ちゃん）そうなんだ。俺の子供時代の思い出は、スケートだよな。

（辰ちゃん）当時、甘楽にはどこの小学校にだって、プールはなくてもスケートリンクだけはあったよな。

（寅ちゃん）そうだよ。高学年になれば、スピードスケート靴を買ってもらえたよね。

（辰ちゃん）うちの娘も小学校では、ずっとスケートをやっていたよ。

（寅ちゃん）どこの学校も、平成四、五年頃までやっていたのではないかな。

（辰ちゃん）そうだよな。温暖化の影響で、その頃から氷が張らなくなったのだよね。

（寅ちゃん）冬の体育といえば、ずっとスケートだったよな。俺は学校で連れていってくれる軽井沢スケートセンターに行くのが、とても楽しみだったよ。

（辰ちゃん）そうなんだよな。浅間山をバックに、広いリンクでよく滑ったものだよ。

（寅ちゃん）富岡市では、スケート大会があったんだよ。知ってるかい？

（辰ちゃん）ああ、あったようだね。俺は小学校に勤めていただろう。冬になれば、夜中の氷を張らせるための散水から子供の指導まで、よくやったよ。

（寅ちゃん）知らない間に歳はとるものだよね。昔話は懐かしいよな。

【第九話】三十歳代の母親と息子の会話

（お母さん）もう明日は学校が始まるよ。宿題はぜんぶ終わってるよね。

（甘楽っ子）さぁね。だいたい終わってるんじゃないかな？

（お母さん）だいたいってどうゆうことなん？　ぜんぶ終わってるか聞いてるんだよ。

（甘楽っ子）だから、だいたい終わってるって言ってるだろう。

（お母さん）だいたいじゃぁ駄目なんだよ。何が残ってるん、？

（甘楽っ子）作文だよ。面倒なんだよな。ちゃちゃっと書いちゃおうかな？

（お母さん）そんないい加減でどうするん？　宿題は早くやる約束でしょう。

（甘楽っ子）ママだって、約束守ってないよ。

（お母さん）ママは忙しんだからね。自分でやれることはやんなきゃぁ駄目なんだよ。

（甘楽っ子）だって、困ってることがあれば、手伝ってくれる約束じゃん。

（お母さん）「じゃん」なんて、今じゃあ「おじちゃんやおばちゃん言葉」だよ。それじゃぁ、すぐ持っといでぇ。みてやるからさぁ。

（甘楽っ子）どんな題にしたらいいかな。こんなのにしようかな？

（お母さん）いいんじゃないの。でも、このように直そうか。

（甘楽っ子）最初、なんて書こうかなぁ。ママちょっと書いてみてよ。

（お母さん）うん。こんなのでどうかな？

（甘楽っ子）いいねぇ。次はどう書いたらいい。書いてみてくれる？

（お母さん）こんなんでいいかな。自分の言葉で書くんだよ。

（甘楽っ子）やっぱし、ママは天才だね。最後はどうする？

（お母さん）じゃぁ、ママが書いてみるよ。……これでどうかねぇ？

（甘楽っ子）いいねぇ。あとは、ぼくが清書して完成だね。……やったぁ！

※第九話は、ほぼ共通語に近いので、意訳を割愛します。

八　最後の難関・甘楽弁習得査定

これから出題するクイズは、これまでの甘楽弁を把握していれば、及第点を得られるのではないでしょうか。全問二十問で、一問五点と考えて答えてみてください。

なお、前著の巻末に掲載した【甘楽弁言葉一覧】なども参考にして、それぞれのクイズに挑戦すれば、理解度がグーンとアップし、及第点への近道となることでしょう。

【試問…おさらいクイズ】

①甘楽弁には、男言葉と女言葉があります。「少しばかり」や「ほんの少し」という時に、男性は「ちっとんべぇ」を使用しますが、女性は何という表現を使うでしょうか。
②甘楽では、男性のことを「男衆《おとこし》」と呼び、女性のことは「女衆《おんなし》」と呼んでいます。若者を指す「若衆」は、どう読んだらよいでしょうか。
③甘楽弁には、「おっかく」「うっかく」「くっかく」という表現がありますが、「くっかく」とは、どういうことでしょうか。
④甘楽では、俗称「わくさ」と呼ばれる虫がいます。一般的には何と呼ぶでしょうか。

⑤甘楽の「でぇらんごんげ」とは、一般的に何と呼ばれる虫のことでしょうか。
⑥甘楽では、今でいう三時のおやつのことを、何と呼びましたか。
⑦現在の甘楽地域は、何という河川の流域に発達した地域でしょうか。
⑧甘楽弁の「とびっくら」とは、どんな競争を指す言葉でしょうか。
⑨甘楽で使用される「せんぎょ」や「しんご」は、どういう意味でしょうか。
⑩上州弁や甘楽弁で使用する「けぇるん？」は、どういう意味ですか。
⑪甘楽弁の「おてのこぼ」とは、いったいどういうことでしょうか。
⑫甘楽弁で「お茶っこ飲みっこねぇ」とは、どういう意味でしょうか。
⑬甘楽弁の「すらっといい」とは、どんな意味でしょうか。
⑭甘楽では、具やおかずのことを、一字で何と言いますか。
⑮甘楽弁の「てんごぅ」とは、どういうことでしょうか。
⑯甘楽弁の「ちんとろちげぇ」とは、どのような意味でしょうか。
⑰甘楽弁の「親げねぇ」とは、どういう意味ですか。
⑱「ねんじゃねん」と「ねぇじゃねぇ」の違いは、どんなところですか。
⑲甘楽弁の「いぎしな」とは、どんな意味でしょうか。
⑳甘楽周辺地域で使用される「はぁて」とは、何のことでしょうか。

◎次に解答を掲載しますので、自己評価をしてランク判定してみてください。

①「ちっとんばい」
②「わかいし」または「わけぇし」
③「歯を使って堅い物を割る」こと
④「カメムシ」のこと
⑤「かたつむり」や「でんでんむし」または「マイマイ」
⑥「おこじはん」や「おこじゅはん」または「おこじょはん」
⑦「鏑川」あるいは「かぶらがわ」
⑧「徒競走」や「かけっこ」または「走る競争」
⑨「ケンケン」または「片足跳び」のこと
⑩「帰るの？」
⑪「手の平を窪ませてできる窪みのこと」（皿代わりに使用）
⑫「お茶なんか飲むわけ（はず）がない」
⑬「しなくていい」または「やらなくていい」
⑭「こ」
⑮「悪ふざけ」や「いたずら」のこと
⑯「血みどろ」や「血だらけ」または「血まみれ」

⑰「かわいそう」
⑱「ねんじゃねん」（ないのでは?）と「ねぇじゃねぇ」（ないよ!）の違い
⑲「行くついでに」
⑳「風花」または「空っ風に乗って飛んでくる雪」のこと

【自己評価・査定基準表】（前回と同じ）

理解度(自己評価)	査定	ランク	評価コメント
九割以上	特に優れている	名人級	甘楽で十分に活躍できるでしょう
七割～九割未満	優れている	特待生級	甘楽で十分に生きていけるでしょう
五割～七割未満	合　格	甘楽若者級	甘楽で問題なく生きていけるでしょう
三割～五割未満	再試可能	上州人級	もう一度目を通せば、合格間違いなし
一割～三割未満	もう少し	甘楽子ども級	甘楽で半年も暮らせば大丈夫でしょう
一割未満	がんばろう	要修行	甘楽で三年以上暮らすと習得できるでしょう

◎自己査定の結果は、どうでしたか。
あなたは、本書を繰り返し読み返してみるか、評価コメントに従って行動ができれば、甘楽人にぶっこぬき（そっくり）な人物、またはバイリンガルになれることでしょう。

おわりに

皆さんには、最後まで私のだごうしゃくにお付き合いをいただき、誠にありがとうございます。

私は、甘楽弁というツールを通して、甘楽富岡地域の歴史や文化などの一端に触れるとともに、西上州の甘楽には、今でも先人が残した表現を受け継ぎ、それらを操りながらも楽しく暮らす人々がいることを、常に念頭に置いてまとめてきました。

皆さんは、少なくとも本書に目を通している間、ずっと甘楽弁漬けとなり、甘楽流の郷土表現にもだいぶ慣れてきたのではないでしょうか。すでに予備知識は十分かと思います。むしろ、楽しみはこれからなのかも知れません。

もし可能であれば、今度はその情報をもとに、ぜひ当地を訪ねてみてください。実際にいろいろな甘楽人と交流してみるのも楽しいはずです。私は、きっと素晴らしい発見や出会いが待っていると確信しています。

ところで、私が、なぜこんなにも甘楽弁に惹かれるかといえば、当然この甘楽に生まれ育ったことが第一義ですが、甘楽弁には、『古典の世界』から抜け出してきたような古い表現が数多く残っている点も、見逃すことができません。

一つ例示すれば、甘楽弁に「よっぴてぇ」(一晩中)という言葉があります。この言葉には、あたかも古典を彷彿《ほうふつ》させるような響きさえ感じるのです。

平家物語の中に、那須与一が敵船の『扇の的』を目がけて、弓矢を射る場面があります。与一が力強く矢を射る様子を、「鏑を取ってつがひ、よつぴいてひやうと放つ」というように描写されているのです。まったく縁もゆかりもない表現ですが、たまたま響きが甘楽弁の「よっぴてぇ」にそっくりなのです。

また、古くから「達者」(達人)という言葉が使用されてきました。今では「口達者」や「芸達者」というような表現もあるので、使用するかどうかは別にして、多くの方が知る言葉と考えられます。この言葉も、すでに平安時代には使用されていたようです。

甘楽周辺では、私たちの親世代が、「達者でのぅ」(お元気で)という表現をよく使用していました。次はいつ会えるか分からない人に対して、使用していたようです。

このように、表現を突き詰めていくと、言葉の語源は、ほとんどが古典や古語に繋がるのです。言葉を調べる際に、語源は何なのか、探ってみるのも楽しいものです。

一方、甘楽では、「達者でのぅ」のほか、「気づいてなぁ」という表現もよく使用されていました。意味は「気を付けてね」と聞けば、違和感を覚える方もいることでしょう。

現在の感覚では、誤用のように感じられますが、故郷では、古くから「気づく」を「気を付ける」という意味で使用していたのです。どちらかというと、別れる際に言う日常的なあいさつ言葉であり、今では使い手が非常に少なくなっています。

甘楽弁には、このような表現も少なからず残っているので、たいへん面白いのです。

現在、甘楽弁に限らず、全国各地で地域ならではの表現が急速に失われています。

味わいのある、地域の表現が忘れ去られていくことは、実に残念でなりませんが、何事も時代の流れに逆らうことはできないのです。

しかし、私は、どこの地域であっても、皆さんのような地域愛好者がいる限り、地域ならではの表現は少なからず生き残り、きっと次代に引き継がれていくと考えています。

そして、いつの頃か、各地域の文化が見直され、再び先人の残したお国言葉や伝統文化などが、広く世間から脚光を浴びる日がやって来るのではないかと信じています。


最後になりますが、本書の執筆にあたって、さまざまなご支援やご協力を賜りました、地元のすべての方々に深く感謝いたします。

併せて、前著に引き続き、ご支援をいただいた文芸社の関係者各位をはじめ、直接ご教示を賜りました青山泰之氏、吉澤茂氏に感謝の意を表します。

令和五年四月吉日

ながれ　てんせい　記

参考文献

【群馬の方言】（一九八七年　群馬県教育委員会）
【群馬県甘楽郡史（復刻）】（一九九六年　本多亀三著　株式会社千秋社）
【甘楽町史】（一九七九年　甘楽町史編さん委員会）
【富岡市史・民俗編】（一九八四年　富岡市市史編さん委員会）
【妙義町誌】（一九九三年　妙義町誌編さん委員会）
【下仁田町史】（一九七一年　下仁田町史刊行会）
【南牧村誌】（一九八一年　南牧村誌編さん委員会）
【甘楽史観郷土の花影（富岡地方郷土史料）】（一九八八年　矢島太八著　国書刊行会）
【都道府県別全国方言辞典】（二〇一九年　佐藤亮一編　株式会社三省堂）
【甘楽町新聞縮刷版第一集】（一九八九年　甘楽町新聞社編）
【甘楽町新聞縮刷版第二集】（一九九三年　甘楽町新聞社編）

著者プロフィール

ながれ てんせい（流石 天晴）

1955年　群馬県甘楽郡に生まれる
1974年　群馬県立富岡高等学校卒業
1978年　三重大学教育学部を卒業し、群馬県公立学校教員に採用される
1993年　文部省主催の中堅教員中央研修に参加
1995年　文部省海外教育事情視察（ドイツ・イギリス・カナダ）に参加
1996年　甘楽郡妙義町や南牧村で社会教育主事を務める
2002年　富岡市や甘楽郡内の小中学校で管理職を歴任する
2016年　甘楽町立新屋小学校長を最後に定年退職となる
2018年　一族の歴史書『魂の継承』を出版
2020年　『おかしんだいねぇ！　甘楽弁の世界』（文芸社）出版
2021年　甘楽町区長会長を務める（2年間）
現在は、郷土史研究をはじめ、執筆活動や社会貢献活動に取り組む

おかしんだいねぇ！　甘楽弁の世界Ⅱ
知りゃあ知るほど不思議な上州弁

2023年 4月15日　初版第1刷発行

著　者　ながれ てんせい
発行者　瓜谷 綱延
発行所　株式会社文芸社
〒160-0022　東京都新宿区新宿1－10－1
電話　03-5369-3060（代表）
03-5369-2299（販売）

印刷所　株式会社フクイン

ISBN978-4-286-28086-8